Johannes Ludwig

Fragmente aus dem häuslichen Leben des Bürgers Klugmann

und des Landmanns Frölich

Johannes Ludwig

Fragmente aus dem häuslichen Leben des Bürgers Klugmann
und des Landmanns Frölich

ISBN/EAN: 9783743476974

Hergestellt in Europa, USA, Kanada, Australien, Japan

Cover: Foto ©ninafisch / pixelio.de

Weitere Bücher finden Sie auf **www.hansebooks.com**

Fragmente,

aus

dem häuslichen Leben

des Bürgers Klugmann

und

des Landmanns Fröhlich.

Oder:

über die Glückseligkeit

des Bürgers und Landmanns.

———

Ein unterhaltendes Lesebuch
in den Winter-Abenden

———

von
einem Freund
der Bürger und Landleute.

———————

Nürnberg,
in der Raspeschen Buchhandlung.
1799.

Vorbericht an die Leser.

Der wahre Menschenfreund kann bey so vielen Klagen des Bürgers und Landmanns, welche beyde über ihr hartes Schikfal führen, und bey der herrschenden Unzufriedenheit, die unter dieser wichtigen Menschenklasse so sichtbar ist, unmöglich gleichgültig bleiben.

Hat ihn nun die Vorsehung in den Stand eines öffentlichen Lehrers und Predigers versezt, so wird er gewiß jede Gelegenheit ergreifen, wo er diese arbeitsamen Menschen, die sich um ihre Mitbrüder so vorzüglich verdient machen, und die es doch selten so gut haben, als sie es würdig sind, zur Zufriedenheit mit ihrem Schikfal ermuntern kann. Da aber vielen Bürgern nicht einmal so viel Zeit übrig bleibt, daß sie die Wochenpredigten besuchen

können, wo über diese Materie einige besondere Vorträge gehalten werden, und für den Landmann an den Sonntagen nicht allemal hierauf
Rüksicht genommen werden kann, weil wir
nun einmal an unsere Evangelien gebunden
sind: so bleibt es gewiß ein kleines Verdienst
um die Gemütsruhe des Bürgers und Landmanns, wenn ein solcher Lehrer seine etwani-
ge Schriftstellertalente dazu anwendet, daß er
jene Absicht, etwas zur Vermehrung der Zufriedenheit und Glükseligkeit jener Menschenklasse beyzutragen, auf einem andern Weg zu
erreichen sucht. Und gerade der Weg, den ich
hier einschlage, scheint mir in manchem Betracht zur Erreichung eines solchen Zweks der
bequemste und sicherste zu seyn. Denn fürs
erste wird jede Predigt nur Einmal angehört,
und wie vieles wird da überhört! Und da sich
10. bis 12. Predigten über Eine Materie genau auf einander beziehen, so nüzt es nichts,
wenn sie nicht Alle von denen, die sie angehen,
angehört werden. Zweytens ist es weit angenehmer und interessanter, wenn eine Anweisung zur Vermehrung der Zufriedenheit in ei-

ne Geschichte eingekleidet, als wenn sie in trokenen Regeln vorgetragen wird. Denn der Gedanke: so hat Klugmann wirklich gehan-delt; so hat Fröhlich sich wirklich in der und der Lage verhalten; diese und diese Gesinnung haben sie geäußert! macht weit mehr Eindruk, als wenn der Prediger sagt: „ihr müßt euch so und so verhalten!" Auch scheint dem Zu-hörer bey Anhörung einer Predigt immer et-was auf dem Herzen zu bleiben — er denkt immer bey sich: „Ja! lieber Prediger! wenn „ich dir meine Gedanken und Zweifel vortragen „dürfte, so hätte ich gar vieles gegen deine „sonst gutgemeinte Erinnerungen und Vor-„stellungen zu sagen." — Hingegen in einer Geschichte werden beyde Theile redend einge-führt, da kann also der Geschichtschreiber sich mehr in die Lage der Personen hineindenken, da kann er sie ihre Gedanken, Zweifel, Ein-wendungen gegeneinander gleichsam auswechs-len lassen; und so kommt der Leser zu einer viel stärkern Ueberzeugung von dem, wovon er überzeugt werden solle. Endlich werden der-gleichen Schriften auch am allerhäufigsten ge-

lesen, und weit mehr als — selbst muster-
hafte Predigten. Es kommt also nur
darauf an, ob die Sache, wovon ich jezt reden werde, von mir auf eine recht interessan-
te Art vorgestellt werden wird. Denn ein
wichtigeres Thema giebt es doch nicht leicht,
als: „Wie kann der Bürger und Landmann in
seinem zum Theil beschwerlichen Stande und
bey so wenig irdischem Freudengenuß doch zufrieden und vergnügt leben?‟ Und da erwartet ja nicht, lieben Leser, eine ganz allgemeine
Anweisung, oder gar eine kurze diktatorische
Abfertigung nach Art mancher Prediger und
Moralisten. „Ihr dürft ja nur eure Lasten
gedultig ertragen! „Ihr dürft euch ja nur in
dieß und jenes, was euer Stand nun einmal
mit sich bringt, schicken lernen. „Ihr ver-
sündigt euch durch euer Klagen an Gott‟ und
was dergleichen trostlose Gemeinsprüche weiter
sind. Nein! Ihr sollet Recht haben, so weit
ich euch nur immer Recht geben kann. Aber
ihr werdet dann auch so billig seyn, und auf
die Vortheile und Freudenquellen, worauf ich
euch aufmerksam machen werde, und die ihr in

eurer Gewalt habt, wirklich euch aufmerkſam
machen zu laſſen.   Eben ſo wenig dürft ihr
glauben, daß ich euch Klugmann und Fröhlich
vollkommener darſtellen werde, als ſie
wirklich geweſen ſind.   Denn das würde euch
nur abhalten, ihre Denkungsart und ihr Betragen nachzuahmen.   Nein, ich will ſie
euch nach der Natur und Wahrheit vor Augen ſtellen — nichts vergrößern, und nichts
verkleinern.   Denn ich hatte zum öftern Gelegenheit, ihr Thun und Laſſen genau zu beobachten; ja ſogar ihnen zum öftern auf die
Spur ihrer Abſichten zu kommen.   Und ſie
wurden ja auch, wie euch der Verfolg dieſer
Geſchichte lehren wird, nicht auf einmal die
klugen, verſtändigen, zufriedenen und glüklichen Menſchen, wie ich ſie euch ſchildere, ſondern nur nach und nach — durch immer
fortgeſezte Uebungen —, durch heilſame Erfahrungen, zum Theil durch begangene Fehl-
tritte, und beſonders durch widrige Begegniſſe. „Auch durch widrige Begegniſſe?“
Ja, ich werde Euch damit nicht ganz verſcho-
nen können.   Denn dieſe bleiben im Haus-

und Eheſtande am allerwenigſten aus. Aber
erwartet nicht ein empfindſames Klagen, Win⸗
ſeln, Weinen und Jammern: denn es iſt mir
nicht darum zu thun, Euch blos auf einige
Augenblike zu rühren. Erwartet eben ſo we⸗
nig tolle Verwünſchungen über ihre Neben⸗
menſchen. Nein! Ihr ſollt an ihrem Bey⸗
ſpiel lernen, wie man in dergleichen Umſtän⸗
den nachdenken, und ſich zu helfen ſuchen
müſſe, oder wie man wenigſtens unabänder⸗
liche Leiden männlich ertragen müſſe. Uebri⸗
gens werdet ihr auch auf manche angenehme
und muntere Auftritte ſtoßen. Und ſo, hoffe
ich, ſollte euch das Büchlein nicht Langeweile
machen, ſondern vielmehr euch die langen
Winter ⸱ Abende auf eine angenehme, viel⸗
leicht auch nüzliche Art verkürzen. Wenn
euch dann das Leſen dieſes Büchleins zu⸗
weilen vom Wirthshauſe abhält, wo es ſo
oft nicht bey einem Krug Bier, und bey ei⸗
nem traulichen Geſpräche bleibt, ſondern wo
ihr ſchon ſo manchen Gulden, den ihr ſo ſauer
verdienen mußtet, verſpielt habt; ſo wird es

euch nicht gereuen, für dieſes Büchlein *) einige Groſchen ausgegeben zu haben.　Dieß
wünſcht von Herzen

Euer wahrer Freund

Der Verfaſſer.

———

*) Auf dem Titel ſteht: „Fragmente‟; das, meine Lie-
ben, heißt ſo viel, als abgeriſſene Stücke.　Denn
meine Schrift wäre zu groß, und alſo auch für euch
zu theuer geworden, wenn ich euch eine vollſtändige Geſchichte von den Schikſalen, welche Klugmann und Fröhlich in ihrem Haus- und Eheſtand
betroffen haben, hätte liefern wollen.　Ich wählte
aber die merkwürdigſten Vorfälle in ihrem
häuslichen Leben aus.　Das aufmerkſame Leſen der-
ſelben und euer eigenes Nachdenken darüber kann
euch eben ſo nützlich werden, als eine vollſtändige
Geſchichte.

An die Kunſtrichter.

Auch bey dieſer Schrift muß ich (ſo wie ichs
bey einer andern ähnlichen that) die Herren
Kunſtrichter bitten, ſie nicht nach den Regeln
der Kunſt, nemlich als einen eigentlichen Roman im ſtrengen Sinn des Worts, zu beurtheilen. Denn das leuchtet, wie ich glaube,
aus jedem Kapitel hervor, daß Belehrung
und Beſſerung meine Hauptabſicht
war. Daher bin ich der Meinung, daß diejenigen Romanſchreiber, die ſich ſo gar ſtreng
an die Regeln der Kunſt halten, ihre Abſicht
(vorausgeſezt daß ſie ſie haben, und nicht nur
beluſtigen wollen) nicht, wenigſtens nicht ganz,
erreichen, nemlich ihre Leſer verſtändiger und
beſſer zu machen. Denn durch die allzuvielen Verwikelungen wird ihnen der Hauptplan,
oder das Thema, was der Verfaſſer gleichſam
abhandeln wollte, allzu ſehr aus den Augen

gerükt. Das ist eins. Und dann interessiren
sie sich weit mehr für die Geschichte oder für
das Historische, und für die Schiksale
der Personen, die darin vorkommen, als für
den moralischen Theil der Schrift. Das
ist der zweyte Fehler, der hieraus entsteht.
Ich habe dieß schon bey mehrern Frauenzim-
mern bemerkt. Die Geschichte eines Romans konnten sie mir nach allen ihren Theilen
haarklein erzählen. Fragte ich aber: „was ist
denn eigentlich die Absicht des Verf. bey
seiner Schrift?" so erhielt ich keine Antwort,
als höchstens: „Er hat auch hin und wieder
gute Gedanken, schöne Reflexionen rc. rc. ein-
gestreut!" Fragt' ich nun — „welche?" so
erhielt ich abermals keine Antwort — ein deutlicher Beweis, daß sie sich blos für die Geschichte interessirt, und also nur zum Zeit-
vertreib gelesen hatten. Ob ich daher gleich
„Sophiens Reise von Memel nach Sachsen"
für ein Muster eines guten Romans halte, so
scheint es mir doch ein Fehler dieses sonst so
herrlichen Buches zu seyn, daß der Verwikelungen darin allzu viele sind. Und welch ein

Gedächtnis gehört dazu, auch nur die Namen der darin vorkommenden Perſonen zu
merken, geſchweige denn einer jeden ihren be-
ſondern Charakter. Hermes hätte daher
meines Erachtens beſſer gethan, wenn er ſeinen Plan in zwey oder drey Romanen abge-
handelt und ausgeführt hätte. Da er aber zu
viele Materien hinein brachte, ſo iſt dieß eben
auch die Urſache, daß vieles darin vorkommt,
was nicht jeden Leſer intereſſirt. Und ſo hat
mancher mitten im Leſen dieß herrliche Buch
bey Seite gelegt. War das nicht Schade?
Sodann dachte ich auch, „die Bürger und
Landleute, für die ich ſchreibe, verſtehen doch
nicht, wie ein eigentlicher Roman beſchaffen
ſeyn muß. Wenn ich alſo nur meine Gedanken, die ich für nüzlich und beherzigungs-
würdig halte, in eine Geſchichte einkleide, ſo
iſts genug." Ich hoffe alſo, ſie, die Herren Kunſtrichter, werden dieſe Schrift, wenigſtens wegen ihrer moraliſchen Seite zu empfehlen keinen Anſtand finden.

Fragmente

aus

dem häuslichen Leben

des Bürgers Klugmann

und

des Landmanns Fröhlich.

Erstes Kapitel.

Wie Klugmann und Fröhlich einander kennen
lernen. Vorher etwas über die Quelle unsrer
angenehmen Empfindungen.

Es waren doch seelige Stunden, die ich im
Kreiß guter Freunde als Jüngling verlebte, da
wir in jenem damals noch unausgehauenen Gehölze lustwandelten. Freylich befanden wir uns
blos in einem Zustand dunkler Empfindungen,
und hielten unser Wohlbehagen für eine Wirkung der uns umgebenden Naturwerke und Naturschönheiten, und thaten uns darauf ziemlich
viel zu gut, daß wir dafür so viel Sinn hätten;
obgleich dieser angenehme Zustand hauptsächlich

daraus entstanden war, daß wir uns nach einer Schaale Kaffee in frischer mit Balsamdüften
angefüllten Luft Bewegung gemacht hatten, und
keine Sorgen uns drükten. Denn im Grunde
wußten wir damals, jedoch ohne unsere Schuld,
noch gar nicht, was es hieße, die Natur betrachten, und wie dieß geschehen müßte. Weil
aber Jeder seinen Dichter in der Hand hatte,
der eine Kleists schöne Lieder und Gedichte; ein
anderer Geßners Jdyllen; ein dritter Vater Uzens
Gedichte; und ein vierter Hirschfelds Landleben:
so hielten wir uns alle für eingeweihte Natur-
schüler. Es war also sehr natürlich, daß dieser
angenehme Zustand nur so lange dauerte, als wir
uns an jenem Orte befanden, und unsre Herzen
durch Anstimmung einiger guten und muntern
Lieder zur Freude gestimmt wurden. Denn ein
Zustand fortdauernder angenehmer Empfindungen muß sich auf deutliche Erkenntniß der
Dinge gründen, aus denen uns Vergnügen zu-
strömen kann. O wie weit mehr Vergnügen
macht mir daher jezt die Betrachtung der Natur, da ich sie mit ganz andern Augen anzusehen gelernt habe, ohngeachtet die Eindrücke
jezt nimmer so stark seyn können, als sie in
meinen Jünglingsjahren waren, und ohngeachtet mich jezt so manche Sorgen drücken. Wie

nach, nicht ganz geirrt. Denn schnell heiterte sich seine Miene auf. O daß doch alle, die es können, einen Handwerker oder Professionisten sogleich bezahlen möchten, wenn sie eine Arbeit fertig gemacht haben. Denn wie vielerley Ausgaben haben sie zu bestreiten. Und wo sollen sie Muth zum Arbeiten hernehmen, wenn man sie Jahre lang auf ihr Verdienst warten läßt. Jezt wollte er unserm Fröhlich seine Wellen bezahlen. Dieser aber sagte, es habe keine Eile, und so entstand zwischen ihnen ein Gespräch, welches ich hier einrüken muß, um meine Leser mit dem Charakter dieser beyden Männer bekannt zu machen.

Fröhlich. Er muß doch einen hübschen Verdienst haben; denn da liegen ja mehr als dreyßig Bücher herum, ohne die, die Er schon fertig dort stehen hat.

Klugmann. Ueber Mangel an Arbeit, lieber Freund, kann ich eben nicht klagen, wenn nur nicht alle Materialien, die ich brauche, so theuer wären, und wenn mich nur alle meine Kunden so bald und richtig, wie euer Hr. Pf.*) da, bezahlten. Aber so, wie es nun

---

*) Ich vergaß es vorhin zu erinnern, daß Fr. aus meinem Dorfe ist.

ift, geht es mir sehr hart. Bald giebts eine
Steuer zu bezahlen; bald muß ich Leder und
Papier und Pappdekel einkaufen; ohne, was
ich an Frucht, Salz, Saife u. s. w. in meine
Haushaltung brauche; und dann muß ich alles allein thun, denn einen Gesellen trägts
bey mir nicht, und so geht es eben sehr langsam. Dann können oft acht und mehrere
Wochen verstreichen, bis ich auch nur drey —
vier Gulden einnehme. Vor 8 Tagen zahlte
ich 10 fl. für Holz hin — und jezt muß ich
Euch 4 fl. 48 kr. für euere Wellen bezahlen.
Mir ist recht bange auf den Winter, denn die
Grundbirn, die Erbsen, das sauere Kraut,
das Mehl — alles ist theuer. Und ich und
meine 3. Kinder und meine Frau wollen doch
satt essen. O Freund! da habt ihrs weit besser als unser einer!

Fr. Ich bedaure Ihn herzlich, lieber Freund!
Aber glaub' Er doch ja nicht, daß der Lands-
mann es so gar gut hat, und weit glüklicher
ist, als der Bürger. Ja, die reichen und
wohlhabenden Bauern, die haben freylich gewonnen. Aber unser einem — ich bin nur
ein Zwie-Rößler — gehts sehr hart. Als ich
noch ein lediger Bursche war, da nannte man
mich wegen meinem Frohsinn nur den lusti-

gen Frizen. Und mein seeliger Vater sagte
oft zu mir: du hast deinen Namen mit Recht.
Denn du bist allezeit fröhlich. Aber — jezt —
hat es sich schon mit der Fröhlichkeit. An
die Stelle meiner ehemaligen Freuden sind
Sorgen getreten. Und ich habe genug zu thun,
wenn ich mich mit Ehren durchschlagen will.
Der Steuern und Abgaben ist bey uns kein
Ende. An Schirf und Geschirr gibts immer
was auszubessern. Und das Eisen ist schreklich theuer. Sollen die Pferde arbeiten, so
müssen sie gut gehalten seyn. Gott bewahre
uns nur vor Hagel und Ueberschwemmungen
und vor Mißwachs — denn da, Gott weiß
es! wüßt ich mir bey meinen vier Kindern,
die mich übrigens herzlich freuen, (denn es
sind 2. Buben und 2. Mädchen, schön, wie
der Vollmond, und wachsen wie die Weyden)
nicht zu helfen.

Kl. Aber Ihr habt doch so manches, was euch
Gott, ohne daß ihr viel dabey thun dürft,
wachsen läßt. Und euer Vieh — eure Kühe!
wie kommen euch diese nicht in Nuzen! Und
wie wird nicht durch eure Arbeiten, und durch
euern Aufenthalt in der frischen Luft eure Gesundheit gestärkt. Ich habe eine sehr angreifende Profession. Das Bücherschlagen sezt mir

sehr zu — und wenns am Sonntag regnet,
so komm ich oft drey, vier Wochen nicht vor
die Stadt hinaus. Das macht mich dann so
verdrüßlich. — Mein liebes Weib thut zwar
ihr möglichstes, mich aufzuheitern — und ist
überhaupt ein liebes, herrliches Weib, fleißig,
haushälterisch, dem Staat (der Kleiderpracht)
nicht ergeben; und, o so sehr für meine Gesundheit besorgt, daß ichs Euch nicht beschreiben kann, wie sie sich in Acht nimmt, daß ich
mich nicht über etwas ärgern darf. Auch
meine Kinder sind liebe, muntere Geschöpfe.
Aber — ach! wenn man sich nur so freuen
könnte, wie man gern wollte.

Fr. Ich kann Ihm freylich nicht Unrecht geben. Wir Landleute haben manches umsonst
oder sehr wolfeil, und meine Kühe — Gott
behüte mir das liebe Vieh! — kommen mir
äußerst wohl zu statten. Ohne sie müßt' ich
verderben. Aber — wie leicht kann eine Seu-
che unter sie kommen! Dann bin ich ein ge-
schlagener Mann. Zwar auch ich habe ein
recht braves, fleißiges und haushälterisches
Weib. — Aber — es geht mir wie Ihm —
ich möchte so gerne froh und munter seyn —
und es will nicht gehen — kommt wohl dann
und wann eine frohe Stunde — aber was

will das sagen. Der Mißmuth schleicht sich
gleich wieder in mein Herz.

Ich. Ich hab Euch nun eine gute Weile zugehört, lieben Freunde. Dürfte ich nicht wohl
auch ein Wörtlein dazu sprechen?

Beyde. O reden Sie doch, lieber Hr. Pf.
Vielleicht, daß Sie uns ein wenig aufmuntern können. — Denn es ist doch (sezte Fröhlich hinzu) gar zu fatal, wenn man nie recht
von Herzen froh ist.

Ich. Ich kann Euch gar nicht verdenken, meine Lieben, wenn ihr nicht immer in glei-
chem Grad vergnügt seyd; denn so weit
bringen es hienieden sehr wenige Menschen.
Auch gebe ichs Euch zu, daß ihr es in Vergleichung mit Manchem eurer glückli-
chern, oder, soll ich sagen, in bessern Glücks-
umständen sich befindlichen Nebenmenschen
eben nicht so gar gut habt; und es ist mir
oft ärgerlich, wenn es von jenen Beglückte-
ren nicht eingesehen wird, daß Ihr so nüzliche und so würdige Mitglieder des gemeinen
Wesens seyd, wenn ihr von ihnen so gar nicht
nach Verdienst geschäzt und geachtet werdet.
Auch sind unsre gegenwärtigen Zeiten,
besonders für den Bürger, gar nicht die vor-
theilhaftesten. Arbeitet er zu wolfeil, so ge-

winnt er nicht das Nöthige zur Anschaffung
seiner Bedürfnisse. (An viele Spaziergänge
und Stärkungsmittel ist ohnehin nicht zu den=
ken.) Arbeitet er zu theuer, so verliert er
seine Kundschaft. Aber solltet Ihr nicht doch
Beyde in euren Klagen und in eurem Miß=
muth ein wenig zu weit gehen? Der Mann,
welcher arbeitet, was er kann, hat nicht Ur=
sache, mit sich unzufrieden zu seyn, so wie er
auch nicht Ursache hat, an den Seegen des
Himmels zu zweifeln. Und hat euch Gott
nicht auch in eurem Beruf und in eurer
Lage so manche Quelle der Freude bereitet?
Aber ihr müßt auch daraus trinken. Was
würde michs nüzen, wenn ich vor einer Quelle
stünde, und ich wollte, so durstig ich auch
wäre, nicht daraus trinken, weil sie nur Was=
ser und nicht Wein hat? Was würden mich
alle Wünsche und alle Klagen nüzen? Da=
durch würde mein Durst doch nicht gestillt.
Und was nüzt es euch, wenn ihr euch immer
mit Beglüktern vergleichet? Wenn es ja
verglichen seyn muß, so vergleicht euch lieber
mit den tausenden eurer Brüder, die weit
minder glücklich sind, als ihr. Und ich brau=
che euch die Quellen, die Gott euch zu eurem
Vergnügen und zu eurer Erholung angewiesen

hat, nicht erst zu zeigen. Ihr befindet euch
schon selbst dabey. Euer F l e i ß verschafft
euch so viel, als ihr für j e z t brauchet.
Eure W e i b e r und K i n d e r suchen euch das
Brod, das ihr esset, und das Wasser, das
ihr trinket (oft ists ja doch auch ein Glas
Bier), schmakhaft und süße zu machen. Wäre es nun nicht Sünde, wenn ihr ihnen durch
eure Unfreundlichkeit das Leben verbittern woll-
tet? Und es fehlt euch gewiß auch nicht an
g u t e n F r e u n d e n, in deren Umgang ihr
euch am Abend aufheitern und erholen könnet. Und warum denket ihr nur an eure
Ausgaben, warum bringt ihr nur diese in
Rechnung? und nicht auch eure Einnah-
men? Muß es euch nicht Freude machen,
wenn der eine für seine Handarbeit einige
Gulden hinbezahlt bekommt, und der andere
einen guten Markt macht? Freut euch das
nicht mehr, weil ihr denken könnet: das haben wir s e l b e r v e r d i e n t, als wenn ihr es
geschenkt bekämet, und dafür weiß nicht
was für große Danksagungen machen, oder
Schmeichler werden müßtet? Und könnet ihr
euch s e l t e n e r, als andere, einen guten Tag
machen: so schmekt euch dann ein solches
Vergnügen desto b e s s e r, weil es euch alle-

mal etwas Neues ist. Die Zeiten ändern
sich immer. Laßt sie erst besser werden, so
dürfen wir hoffen, daß auch eine und die andere Abgabe, die der jezige Krieg nothwendig gemacht hat, wegfallen wird. Seyd ihr
doch jezt von Einquartierungen und von Frohnfuhren für die Kriegsvölker frey. Wahrlich!
da ist euch eine schwere Last abgenommen worden. Laßt uns nun vollends der Früchte des
goldnen Friedens erwarten — und Gott
um die Erhaltung unsrer Gesundheit bitten: so
werden wir Ursache genug haben, mit unserm
Schiksal zufrieden zu seyn, und mit der Zukunft, welche Gott aus weisen Ursachen vor
uns verborgen hat, müßt ihr euch gar nicht
quälen. Es ist ja z. Er. eben so leicht möglich, daß keine Viehseuche in unser Dorf
kommt, daß unsere Felder vor Hagelschlag
bewahrt bleiben u. s. w. Ueberfluß aber
ist den wenigsten Menschen heilsam. Das sehet ihr selbst an so vielen eurer Nebenmenschen. Man verfällt dabey so gar gern auf
allerhand Thorheiten und Ausschweifungen.
O es ist ein großer Gewinn, wer gottselig
ist, und lässet sich genügen! Er, mein lieber
Klugmann, kann sich noch überdieß an einem
regnerischen Sonntag die Zeit durch das Lesen

eines schönen und lehrreichen Buchs
auf die angenehmste Art verkürzen. Und Ihr,
lieber Fröhlich, könnt ja auch waker lesen.
Kommt nur dieser Tagen zu mir. Ich will
euch ein Buch geben, das so recht für euch
gemacht ist. Was gilts, ihr werdet dadurch auf allerhand gute Gedanken gebracht
werden, und, wie ich hoffe, hinführo nicht
mehr so verdrüßlich seyn.

O wie gut ists, sagten nun Beyde, daß Sie,
lieber Hr. Pf. gerade jezt bey uns seyn, und unser Gespräch mit anhören wollten. Ja, es ist
wahr, sagte Kl. mit unsern Klagen kommt
nichts heraus. Und nun geben sie sich Beyde
die Hände, und versprechen einander, und auch
mir, mit ihrem Schikfal nicht ferner unzufrieden zu seyn. Auch mußte Fr. dem Kl. versprechen, künftig, so oft er in der Stadt ein
Geschäft habe, bey ihm einzukehren. Dieß
geschah auch, und so wurde zwischen ihnen
bald ein recht schönes und vestes Freundschafts-
bündniß errichtet. Ich aber wanderte des
Abends, nachdem ich in einer kleinen aber
auserlesenen Gesellschaft ein Glas Wein getrunken hatte, noch so vergnügt als ich des
Morgens gewesen war, nach Hause, und mein
liebes Weib und meine Kinder kamen mir eine

halbe Stunde entgegen, und freuten sich über
die Maßen, als sie mich so froh und munter
wieder sahen.

Zweytes Kapitel.

Kl. und Fr. verfallen auf ein sehr schädliches Mittel, ihre Umstände zu verbessern.

Unsere zwey neuen Freunde waren zwar in ihrem Verstande vest überzeugt, daß sie in ihren
Klagen zu weit gegangen seyen, und daß sie so
ziemlich Ursache hätten, mit ihrem Schiksal zufrieden zu seyn. Aber — der Gedanke, ihre
Umstände zu verbessern, und zwar ohne viele
Mühe und ohne große Aufopferungen zu verbessern, lag ihnen gar zu sehr auf dem Herzen.
Klugmann war zu allem Unstern in eine Gesellschaft gekommen, die ihn zum Einsezen eines
Lotto auf eine so verführerische Art zu loken
wußte, daß er nichts als Gewinn vor sich sahe,
und also schwach genug war, sich diesem betrüglichen und grundverderblichen Spiel zu überlassen. Und kaum konnte er den Tag erwarten,
wo er dieses nach seiner Meinung so vortheilhafte Mittel, mit einigen wenigen Gulden hun-
derte zu gewinnen, seinem ländlichen Freunde
bekannt machen könnte. Jezt kam Fröhlich —

und voll Freude gieng ihm Kl. entgegen, und
rief ihm freudig entgegen: „Lustig! Bruder!
Nun hab ich endlich ein Mittel ausfindig ge=
macht, wodurch wir in kurzer Zeit unsere Um=
stände werden verbessern können! Und da mach=
te er ihm dann eine so vortheilhafte und rei=
zende Beschreibung von dem Lottospiel, als ob
es völlig ausgemacht wäre, daß er gewinnen
werde, ja als ob er schon das große Loos ge=
zogen hätte. Natürlich machte diese Beschreibung,
die noch obendrein aus dem Munde eines sonst
verständigen Bürgers, und eines Freundes kam,
auf unsern Fröhlich den stärksten Eindruk. Es
ward also von Beyden auf drey Numern ein=
gesezt. Aber nun war auch alle Ruhe bey ih=
nen dahin. Den ganzen Tag begleitete sie bey
ihren Arbeiten der Gedanke: wirst du gewin=
nen? oder wirst du verlieren? Selbst der wohl=
thätige Schlaf flohe sie nun, und ward zum öf=
tern bald durch angenehme, bald durch ängstliche
und traurige Träume unterbrochen. Endlich
kam der lang gewünschte entscheidende Ziehungs=
tag herbey. Es ward schon ausgemacht: wie
sie auf den Fall, daß sie glüklich wären, sich auf
dem Wege in einem hübschen Wirthshaus etwas
zu gute thun, einem ihnen in den Weg kommen=
den Armen eine reiche Gabe geben, und jeder

seine Frau und Kinder beschenken wollte. Aber
— ihr Wunsch blieb unerfüllt, ihre Hofnung
wurde vereitelt. Das hätte nun freylich, wenigstens unsern verständigen Kl. zum Nachdenken bringen sollen; er ward auch wirklich auf
einige Tage ganz ernsthaft und niedergeschlagen.
Aber — wie weiß uns nicht unsre Einbildungskraft und unser Herz zu täuschen. Der Gedanke, daß man nicht gleich seinen Muth sinken
lassen müsse, und daß man ja das zweyte - oder
drittemal gewinnen k ö n n e, that bey unsern
zwey Freunden die gewöhnliche Wirkung — sie
sezten also zum zweytenmal ein. Und ach! daß
sie auch dießmal durchgefallen wären. Aber das
Schiksal wollte es, daß sie etwas, obgleich nicht
viel, gewannen. Und nun ward vest beschlossen, fortzufahren, und zwar — wer sollte es
glauben, daß ein kleiner Gewinnst von 10 Gulden so viel vermögen sollte? sezten sie iezt sehr
stark ein. Aber wie bestürzt wurden sie nicht,
da sie abermal leer durchfielen! War nun Kl.
vorher verdrüßlich und mißmuthig gewesen, so
ward er es jezt noch mehr. Und eben so unser
Fröhlich. Vergeblich waren alle unschuldige
Künste ihrer braven Frauen, sie durch Freundlichkeit aufzuheitern — sie wurden täglich ver-
drüßlicher. Endlich drang Kl. Frau so lange in

ihn, biß er ihr die Ursache seiner Verdrüßlichkeit entdekte. Wie erschrak da das gute liebe
Weib! Wie sanft und rührend bat sie ihn, von
diesem betrüglichen Spiel, das schon so viele
Hausväter sammt ihren Familien in Armuth, ja
oft gar in Verzweiflung gestürzt habe, abzuste-
hen. Aber — wer sollte es glauben — er sagte weder ja noch nein. Und sie merkte nur gar
zu deutlich, daß er von seiner Krankheit noch
nicht geheilt sey. Widrige Schiksale machen er-
finderisch. Unsre brave Frau spazierte also am
nächsten Sonntag, unter dem Vorgeben, sie
wollte ihren Mann durch einen Spaziergang
aufheitern, mit ihm auf mein Dorf, sie besuch-
ten ihren Freund Fröhlich, und da fand sie denn
bald Gelegenheit mit Fröhlichs Hausfrau allein
zu reden. Auch diese jammerte sehr — und erschrak nicht wenig, als sie die, auch ihr bisher
unbekannt gewesene, Ursache der Verdrüßlichkeit
ihres Mannes von ihrer Freundinn erfuhr. Diese sagte endlich zu Fröhlichs Kätte: „Seyd ihr
doch so gut, und geht in der Stille zu euern
Hrn. Pf. und entdekt ihm Alles, (mein Mann
hat nun schon 15 Thaler eingebüßt, und der Eu-
rige vermuthlich eben so viel) und bittet ihn,
daß er es doch durch einen Brief — oder durch
einen Besuch probiren möchte, ob er meinen

Mann nicht von diesem so höchstschädlichen Spiel abbringen könne!" „Geschieht dieß, sagte sie, wie ich fast nicht zweifle, (denn er hält die ganze Welt auf euern Hrn. Pf.) so wird auch euer Mann nicht ferner einsezen!" Diese versprachs, und so gieng sie dann mit ziemlich leichtem Herzen nach Hause. Es verflossen nur drey Tage, und unser Kl. erhielt folgenden Brief!

Mein lieber Freund!

Was habe ich gestern für eine traurige Entdekung machen müssen! Und ach! wie erschrak ich darüber! denn Er weiß es, wie herzlich und aufrichtig ich ihn liebe, und wie sehr mir Seine Wohlfahrt am Herzen liegt. O könnte ich etwas zur Verbesserung derselben beytragen, wie freudig wollte ichs thun! Aber daß ich das nicht kann, daß es meine Umstände nicht erlauben, weiß Er selbst. Aber fortfahren kann und werde ich, alles zu thun, um Ihn von dem abzuhalten, oder abzubringen, wodurch Er Seiner Wohlfarth schaden würde, so lang ich nur auf Seine Freundschaft und auf Sein Zutrauen zu mir etwas rechnen darf. Diese Freundschaft und dieses Zutrauen seze ich jezt voraus (denn ich erinnere mich nichts, wodurch ich sie sollte verlohren haben) und so hoffe ich, werde Er

das, was ich Ihm jezt schreibe, nicht nur nicht
übel aufnehmen, sondern auch zu Herzen fassen,
darüber nachdenken, und dann — o daß Gott
es gebe! solche Entschließungen fassen, die eines
vernünftigen, eines rechtschaffenen, eines sein
Weib und seine Kinder liebenden Mannes und
Vaters würdig sind. Er hat sich von einer Gesellschaft bereden lassen, in das betrügliche Lotto
zu sezen u. s. w. (wie mir dieß gestern Sein
Freund Fröhlich, den ich sehr undisponirt vom
Feld heimgehend antraf, alles entdekt hat.) Um
Gottes Willen! lieber Freund! wie war das
bey einem sonst so vernünftigen Manne möglich?
Sollte Er denn im Ernste glauben, daß diejenigen, die ein Lotto errichtet haben, wahre Men-
schenfreunde seyen, die es darauf angelegt haben, auf diesen Weg Summen Geldes in die
Hände ihrer armen oder unbemittelten Nebenmenschen zu spielen? Das kann schon deßwe-
gen ihre Absicht nicht seyn, weil ja der Reiche
auch einsezt, und gewinnen kann, und wohl öfter gewinnt, weil er, ohne sich sobald zu schaden, mehr wagen kann. Es kann also keine andere Absicht statt finden, als der eigene Vortheil, den sie dabey haben — und folglich muß
auch alles darauf eingerichtet seyn, daß sie
diesen Vortheil gewiß erlangen. Und die klei-

nen Gewinnfte, die fie dabey zulaffen müffen,
find bloße Lokungen für einfältige und geldgieri-
ge Leute. Es ift alfo, wie dieß verftändige
Männer fchon lange eingefehen haben, äußerft
unwahrfcheinlich, daß unter fo vielen, die eingefezt haben, gerade diejenigen, die es nöthig hätten (und deren find ja wieder fehr viele), einen
beträchtlichen Zug thun. Das größte Loos aber
kann ja ohnehin nur Einer gewinnen. Es ift
alfo immer höchft unwahrfcheinlich, daß unter
den taufenden, oder auch nur hunderten, welche eingefezt haben, gerade ich, oder Er, oder
fein Freund das große Loos, oder auch nur einen beträchtlichen Gewinn erhalten werden. Und
nun urtheile Er felbft, ob es vernünftig gehandelt heißt, auf ein bloßes Ohngefähr mehrere
Thaler aufzuopfern. Und dann überlege er den
Verdruß und den Kummer und den Schaden,
den man, wenn man unglüklich fpielt, fich felbft
und den Seinigen verurfacht — wie man fich
zu feinen Gefchäften untüchtig macht, wie man
fich feine Gemütsruhe, und den fo wohlthäti-
gen Schlaf raubt, wie man gegen feine unfchul-
digen und rechtfchaffenen Angehörigen unbillig
wird u. f. w. Er hat jezt 15. Thaler verfchleu-
dert! Ich kann mir vorftellen, wie wehe Ihm
diefer Verluft thun muß. Aber — fo bald Er

den Vorſaz faßt — nur erſt dieſe 15 Thaler wieder zu gewinnen, ſo iſt Er verlohren — ſo ſezt
Er ſeine ganze Wohlfarth aufs Spiel, ſo iſt Er
in Gefahr, der ärmſte Mann zu werden, und
ach! wie zittere ich vor dem Gedanken — in
Verzweiflung zu gerathen, und nur Religion
würde ihn vielleicht noch abhalten, ſich ſein Leben (das ihm bey ſo bittern Vorwürfen ſeines
Gewiſſens eine Laſt ſeyn müßte) auf eine gewaltſame Weiſe zu rauben.

Hab ich alſo bey Ihm in etwas gegolten,
hat Er mich je geliebt, iſt Ihm ſeine Frau,
ſind Ihm ſeine Kinder ſo lieb, als es mir ſcheint;
liegt ihm Seine Gemütsruhe und wahre Wohlfarth am Herzen: o ſo ſtehe Er von nun an von
dieſem grundverderblichen Spiele ab, laſſe die
15 Thaler hin ſeyn, und fahre fort, im Vertrauen auf den Seegen des Himmels, ſo fleißig
und munter, wie vorhin, zu arbeiten. Nur auf
dieſem Weg hat uns Gott zu ſeegnen verſprochen.

Ich verbleibe mit aller Aufrichtigkeit und
Achtung

Sein

wahrer Freund
Konrad Baumann, Pf.

Nachschrift.

Auch Sein Freund Fr. hat mir gestern bey der
Hand versprochen, nicht mehr in's Lotto zu
sezen. Auch dieser hatte freylich, so wie Er,
die Absicht, seine Umstände zu verbessern. Aber
durch eine gute Absicht wird ein unerlaubtes
Mittel kein erlaubtes, und ein unsicheres kein
gutes. Doch — damit Er nicht glaubt, daß
ich unbillig urtheile: so gebe ich Ihm gerne
zu, daß er über das Alles gar nicht nach-
gedacht, und sich blos von seinem Herzen
und von seiner erhizten Einbildungskraft hat
regieren lassen. Hier hat er aber einen aber-
maligen Beweis von dem, was ich Ihm schon
einmal gesagt habe, daß uns unsre Begierden, wenn wir uns einmal von ihnen regieren und beherrschen lassen, am Ende allemal unglüklich machen. Dieß sollte uns ja
doch ein deutlicher Wink, und eine kräftige
Aufmunterung seyn, in Allem unsre gesunde
Vernunft am ersten zu Rathe zu ziehen, und
nur sie den Ausspruch thun zu lassen, wie wir
uns in diesem und jenem Fall verhalten sollen. Dabey werden wir mehrentheils gut
fahren. Denn freylich können sich unvorher-
gesehene Umstände ereignen, die uns unsre
gute Absicht nicht erreichen, und unsere guten

Mittel keine erwünschte Wirkung thun laſſen.
Aber dann dürfen wir uns doch keine Vor=
würfe machen.

Dieſer Brief that die gewünſchte Wirkung.
Kl. wurde, wie vom Donner dadurch gerührt,
und erſchüttert. Doch bliebs nicht bey dieſer
Erſchütterung. Er ſchämte ſich, ſo unvernünftig
gehandelt zu haben; Er fühlte wahre Reue, Er
machte ſich Vorwürfe über das zeitherige un=
freundliche Betragen gegen ſeine Frau. Und die
Vorſtellung, was hätteſt du mit 15 Thalern ein=
kaufen können? vollendete den veſten Vorſaz,
von nun an dem ſchädlichen Lotto gänzlich zu
entſagen. Weil es ihm aber doch etwas bange
war, daß ich ihm meine Freundſchaft entziehen,
oder ihm wenigſtens noch mündlich eines und
das andere ſagen würde, was ihm in Gegen=
wart ſeiner Frau empfindlich fallen würde, ſo
ſchrieb er an mich folgenden Brief.

Mein Hochgeſchäzter Hr. Pf.

Sie haben mich durch Ihren gütigen Brief
ſehr beſchämt, und ich fürchte, ſo ein guter
Mann Sie auch ſind, ich möchte mich durch
mein thörichtes und wirklich unmoraliſches Ver=
halten Ihrer Freundſchaft unwerth gemacht ha=

ben. Darum kann ich nicht umhin, Ihnen hiemit folgendes zu schreiben. Ich erkenne und be-
reue meine Fehler aufrichtig. Ich sehe es ein,
daß ich, ohne alle Vernunft, ganz nach meiner
erhizten Einbildungskraft, und — warum sollte
ichs nicht offenherzig gestehen? — hingerissen
von dem Wunsch, bequemer und besser leben zu können, gehandelt habe. Ja, nicht
sowohl die Verbesserung meiner Umstände, wie
Sie so gütig muthmaßten, sondern jenes war
meine Hauptabsicht. Aber — sagen Sie mir
doch, oder schreiben mir gelegenheitlich, wie ich
es anfangen muß, meiner Neigung, es meinen
übrigen Handwerksgenossen in dem und jenem,
besonders in der Art sich zu kleiden, und besser
zu leben, gleich zu thun, Einhalt thun könne.
Denn das muß ich gestehen, daß mich das sehr
schwer ankommt. Wenn ich sehe, wie sie sich so
anständig und geschmackvoll kleiden, wie sie sich
alle Sonntage und Montage, alle Feyertage,
alle Jahrszeiten etwas zu gute thun, und ich
soll ihnen in dem allen nachstehen, soll mich mit
meinen zwar reinlichen, aber doch im Grund geringen, Kleidungsstüken behelfen, soll mich immer mit einem Glas Bier begnügen u. s. w. so
ist mir das gar nicht gleichgültig. Und wenn
ichs auch in der Selbstverläugnung ziemlich weit

bringe, so regt sich allemal wieder mein Ehrgefühl, und ich schäme mich, von ihren Gesellschaften immer, oder doch größtentheils wegbleiben zu müssen.

Schlüßlich (was ich billig zuerst hätte thun
sollen) empfangen Sie hiermit meinen herzlichsten Dank für Ihren belehrenden und ermun-
ternden Brief. O welch einen schäzbaren Beweis Ihrer Liebe und Gewogenheit haben Sie
mir dadurch gegeben. Wie ist's aus jeder Zeile
so sichtbar, daß Ihnen meine wahre Wohlfarth
am Herzen liegt. Ja! auch ich verspreche es
Ihnen hiermit heilig, mir keinen Gedanken mehr
ans Lotto kommen zu lassen, oder, wenn er auch
käme, ihm nicht nachzuhängen. Denn Sie haben mich von seiner Schädlichkeit gar zu deutlich überzeugt, und ich müßte alle Vernunft,
und alles Gefühl für meine Pflichten verlohren
haben, ja ich müßte mein eigener größter Feind
seyn, wenn ich Ihrem so vernünftigen als wohl-
gemeinten Rathe nicht folgen wollte. Mich
dauert nur mein guter Fröhlich, daß ich auch
ihn um 15. Thaler gebracht habe. Denn sicherlich hat er blos mir zu lieb eingesezt. O was
war das für ein glüklicher Gang, daß Sie ihn
antreffen, und die Ursache seiner Verdrüßlichkeit
von ihm erfahren mußten. Gott weiß, wohin

es am Ende mit uns Beyden gekommen wäre!
Aber, lieber Hr. Pf., seyn Sie mir jezt weiter
nicht böse. Ich werde suchen, meinen Fehler,
so viel möglich, auf andere Art gut zu machen.
Gott belohne Sie für Ihre gute That, die Sie
an mir gethan haben! Ich aber habe die Ehre, mit aller Hochachtung zu seyn

Ihr

ergebenster
Heinr. Klugmann.

Drittes Kapitel.

Ein Brief, welchen unsre Bürger beherzigen dürften.

Ich an Heinrich Klugmann.

Mein lieber Freund!

Sein Brief hat mir eine ausnehmende Freude gemacht. So ist's recht, so ist's schön,
wenn man seine Fehler erkennt, und sie zu verbessern sucht. Es scheint nun schon einmal unser Schiksal zu seyn, daß wir nur durch Widerwärtigkeiten und eigenen Schaden kluge und
gute Menschen werden. Nun aber möchte Er

gerne wiſſen, wie Er es anfangen müßte, um
der Reizung, es Seinen Handwerksgenoſſen in
dieſem und jenem gleich zu thun, entgegen zu
arbeiten, ohne jedoch Sein Ehrgefühl unterdrüken zu dürfen.   Gerne möchte ich mich über
eine ſo wichtige Materie mündlich mit Ihm unterhalten; und das wäre vorzüglich deswegen
gut, weil Er mir dann dazwiſchen Einwendungen machen, und ich Ihm ſolche beantworten
könnte.   Da ich aber dermalen in der Stadt
gar keine Geſchäfte habe, und auch die Witterung zum Reiſen jezt nicht ſehr vortheilhaft iſt:
ſo will ich Ihm meine Gedanken über jenen
Punkt ſchriftlich mittheilen, und mich bemühen,
mich ganz in Seine Denkungsart und Lage zu
verſezen.   Das wird dann eben ſo gut ſeyn, als
ob ich Ihm Seine Einwendungen beantwortet
hätte.

Was das Gleichthun in der Kleidung anlangt, ſo bin ich weit davon entfernt, Ihm an-
zurathen, daß Er ein Kleid nach der alten Mode tragen ſoll.   Ein Kleid nach der neuen Mode
iſt eher wolfeiler als theurer, und überhaupt
müſſen wir uns, um nicht Sonderlinge ſcheinen zu wollen, ſo viel möglich, in dieſem Stüke
nach den Sitten unſers Zeitalters richten. Aber
ein Tuch, wo die Elle 3. Gulden koſtet, iſt

schön genug für einen Professionisten, und thut
die nemlichen Dienste, als eines, wo die Elle
5. und 6. Gulden kostet. Und weil es nur an
Sonn- und Feyertagen, und bey gewissen So-
lennitäten getragen wird, so wird es auch lange genug halten. Trägt also dieser und jener
Seiner Professionsverwandten ein Kleid von so
kostbaren Tuch, so muß Er sich darüber ohne
weiters hinwegsezen. Wer Ihn wegen Seines
geringern Kleides weniger achtet, der ist ein
Thor, und um das Urtheil der Thoren muß sich
der verständige Mann nichts bekümmern. Eben
so entbehrlich sind für den Professionisten, dergleichen Er einer ist, Beinkleider von Manche-
ster. Tuchene und zeuchene thun die nemlichen
Dienste. Endlich müssen es eben nicht große
neumodische silberne Schuhschnallen seyn. Sind
sie nur von mittlerer Größe, so darf er sich
schon darinn sehen lassen. Eben so wenig ist's
nöthig, es in den Meubles diesen und jenen
gleich zu thun. Zwey oder drey gute Kästen
thun die nemlichen Dienste, als kostbare Kom-
mode. Selbst eine Taschenuhr, wenn sie nicht
von allen getragen wird, würde ich Ihm zu
tragen abrathen. Denn sie ist kein Ehrenzei-
chen, weil jeder Bediente eine trägt. Und dann
thut eine, welche ein Paar Karolin kostet, eben

die Dienſte, als eine, welche 50. und 60. Gulden koſtet. Kurz, ſie iſt ein todtes Kapital.

Und nun komme ich auf den Genuß gewiſſer
Ergözlichkeiten, mit denen auch der Genuß des
Weins, und koſtbarer Speiſen verbunden iſt.
Es müßte Seinem Ehrgefühle allerdings empfindlich ſeyn, wenn Er von dergleichen Gelegenheiten ganz wegzubleiben genöthiget wäre.
Aber das ſcheint Er ſich nur einzubilden. Und
darf ich ſagen, warum Er das für nöthig zu
halten ſcheint? Wahrſcheinlich deswegen, weil
Er ſich nicht eben den theuern Wein, und nicht
eben die Delikateſſen vorſezen laſſen kann, wie
dieſer und jener es thut, ohne es eben nöthig
zu haben. Ich an Seiner Stelle würde es ſo
halten. Für gewöhnlich würde ich an den Sonntagen nach einem Spaziergang an einen ſolchen
Ort auſſerhalb der Stadt gehen, wo gutes Bier
ausgeſchenkt wird, und dazu würde ich mir ein
Stückchen Käſe ſchmeken laſſen. Alle Vierteljahr aber würde ich auf ein Glas Wein gehen;
und dann genießen, was mein Beutel trägt.
Gibt es einen Wein, wo die Maas 32. oder
36. Kreuzer koſtet, ſo wird er Ihm eben die
Kraft geben, als einer für 48. Kreuzer und für
einen Gulden. Eben ſo würde ich eſſen, was
mir beliebt, und nicht in delikaten Speiſen eine

Ehre suchen. Ein gutes Stük Fleisch, oder eine
gute Wurst ist so nahrhaft und wohlschmekend für
einen unverwöhnten Gaumen, als Hühner und
Fische ꝛc. ꝛc. Endlich weiß ich zwar wohl, daß
bey vielen Handwerksleuten der Genuß mehrerer
Speisen Mode ist. Aber wenn mich mein Stük
Fleisch oder meine Wurst gesättiget hat, warum
soll ich noch etwas Gebakenes essen, was ja ohnehin sehr schwer zu verdauen ist, und der Gesundheit schadet. Alle bürgerliche Solennitä-
ten aber würde ich nicht mitmachen, möchten
auch andere über mich urtheilen, wie sie wollten.
So lebten unsre alten Bürger, und sie befanden sich größtentheils in gutem Wohlstand, und
konnten, weil sie für ihre Weiber keinen Kleiderpracht anschaffen durften, etwas zurüke legen, und im Alter ihren Töchtern eine hübsche
Aussteuer und auch wohl noch etwas an Geld
geben. Und was kommt denn bey der jezigen
Lebensart unsrer Bürger heraus? Ich denke,
man sieht es schon ziemlich deutlich. Aber man
scheint noch nicht darüber zu erschreken. Vor-
nehmer als vor Zeiten die honettesten Frauen,
kleiden sich jezt unsre Mägde. Kostbarer als
ehemals reiche Kaufmannsfrauen, kleiden sich jezt
unsre gemeinen Bürgerweiber. Aber — wie
lange dauerts? Nach 10. bis 12. Jahren ver-

derben die ehemaligen vornehm gekleideten Mägde, und selbst manche Bürger — oder ihr Wohlstand nimmt wenigstens von Jahr zu Jahr ab —
oder, wenn sie ihn fortsezen können, so geschieht
es dadurch, daß sie ihre Mitbürger theils be-
trügen, theils im Verkauf ihrer Waaren ꝛc. ꝛc.
übernehmen. Und auch das nimmt manchmal
ein sehr böses Ende. Wenigstens beschweren sie
dadurch ihr Gewissen — und ihr Tod ist oft
schauderhaft. Ich habe Ihm nun da zwar sehr
bekannte Dinge gesagt. Aber fürs erste wollte
ich Ihm zeigen, wie sehr es mich freut, daß
Er zu mir ein so großes Zutrauen hat; und
dann handeln wir gemeiniglich getroster so und
so, wenn auch gute Freunde es uns so und so
anrathen. Uebrigens wird es freylich nöthig
seyn, daß Er sich zuweilen in der schweren Pflicht
der Selbstverläugnung übt. Aber die Folgen
davon werden für Ihn einst noch im Alter um
so erfreulicher seyn. Inzwischen denke ich nicht,
daß ich etwas unbilliges gefordert habe. Wenn
Er also meinen Rath für gut hält, so folge Er
demselben. Alle verständige und rechtschaffene
Männer werden Ihn deswegen schäzen und loben. Seine liebe Frau grüße Er mir herzlich.
Soweit ich sie kenne, ist sie dem Kleiderpracht
nicht ergeben, und dafür danke Er Gott im

Stillen, und habe sie um so lieber. Fröhlich hat mir gesagt, daß sie sich schon etliche Monate in gesegneten Umständen befinde. Ich wünsche ihr von Herzen eine gute Schwangerschaft. Meine Frau, die sie schon lang gern kennen möchte, und die nächstens in die Stadt reißt, wird sie besuchen, und ihr allerhand gute Lehren geben, wie sie sich in diesen bedenklichen Umständen zu verhalten hat. Gott erhalte Ihn und Sie gesund. Ich verbleibe ꝛc. ꝛc.

Sein

redlichgesinnter Freund
K. B. Pf.

Nachschrift.

Es wird freylich in unsern Tagen vieles durch die Redensart in Schuz genommen: man müsse sich doch nach dem eingeführten Wohlstand richten. Besieht man aber die Sache beym Licht, und wollte man dem Kind seinen rechten Namen geben, so hieße das eben so viel, als: man müsse sich nach der (der Himmel weiß, von welchen Leuten) eingeführten Mode, und nach dem (verderblichen) Luxus richten. Dem Frauenzimmer, welches schon so oft mit seinen neumodischen Kleidern Eroberungen gemacht hat, oder welches sich

durch nichts anders als durch neue Kleider-
moden auszuzeichnen weiß, wäre diese Sprache noch eher zu verzeihen. Aber, daß selbst
Männer, die sich durch Vernunft auszeichnen
sollten, sich durch jene Redensart blenden,
täuschen und verführen lassen, das ist für
deutsche Männer unverzeihlich. Das heißt
mir ein schöner Wohlstand, der mich in Schulden, in Armuth und Schande stürzt! O daß
doch nicht so viele Männer bald durch die
Schmeicheleyen, bald durch das Winseln ihrer Weiber, bald durch sonst was sich bereden ließen, in alles, was sie nur wollen,
weil es andere haben, einzuwilligen. O daß
ihnen die Augen noch zu rechter Zeit aufgehen
möchten! O daß sie auch in diesem Stück be-
dächten, was zu ihrem wahren Besten dient.
Wer Ohren hat, zu hören, der höre!

Viertes Kapitel.

Wie Klugmann seinen Kindern den heiligen Christ-
tag feyerlich gemacht habe.

Es ist allgemein bekannt, daß in der ganzen
Christenheit nicht leicht ein Haus angetroffen
wird, in welchem nicht den Kindern entweder

am Christtag selbst, oder am heiligen Abend
vorher eine besondere Freude gemacht würde,
um ihnen diesen Geburtstag des Weisesten und
Besten, derer, die von Menschen gebohren wurden, recht wichtig und eindrüklich zu machen.
Das war wenigstens ursprünglich die Absicht
aller christlich gesinnten Eltern. Und ein jeder,
der die menschliche Natur kennt, wird diese Gewohnheit billigen. Denn man sage einem Kind
auch noch so viel Schönes und Lehrreiches über
Jesum, und seinen liebenswürdigen Charakter,
und über das wichtige Geschäft, das er auszu-
führen begann — Kinder sind und bleiben Kinder — Ihre Sinne müssen gerührt — Ihre Einbildungskraft muß durch angenehme Bilder in
Spannung gesezt werden — dann erst macht ein
deutlicher Unterricht Eindruck auf ihr Herz. Aber
leider! haben es frühzeitig sehr viele Eltern
hierinnen versehen, daß sie über dem erstern
das leztere vergaßen und vernachläßigten, daß
sie die Sinne und Einbildungskraft ihrer Kinder
nicht nur zu rühren suchten, sondern sie wirklich durch eine Menge von in die Sinne fallen-
den Gegenständen betäubten — und ihnen gar
nicht, oder sehr dunkel sagten, warum ihnen an
diesen Tagen so schöne Geschenke gemacht werden — ja viele sagen ihren Kindern nicht ein-

mal, daß der Christtag der Gedächtnißtag der
Geburt Jesu seye. Wie zwekwidrig dieses seye,
sieht ein Jeder von selbst ein. Doch dieß ist
nicht der einzige Fehler, der an diesen Tagen
von den Eltern begangen wird. Dieser Unwis-
senheit, worinn man die Kinder wegen der Feyer
dieses Tages läßt, könnte bey reifern Jahren
noch abgeholfen werden. Aber — daß ihre
Köpfe mit Irrthümern angefüllt, daß ganze falsche und abgeschmakte Vorstellungen in ihre Seelen gepflanzt werden, die man sobald nicht wieder aus ihnen herausbringt, das ist wirklich
sehr zu bedauren. Und nun denke man an die
tollen Begriffe, die den Kindern bald von einem
Sankt Niklas, bald von einem Christkindleins-
Knecht, Namens Ruprecht, bald von einem noch
jezt vom Himmel herabkommenden Christkindlein
beygebracht werden: welche dunkle, verworrene
Vorstellungen müssen da in ihren Seelen entstehen! und was für unrichtige Begriffe von
der Kraft und dem Nuzen des Gebets werden
ihnen schon jezt beygebracht, indem ihre Seelen vorher durch fürchterliche Drohungen von
einem sie strafenden Ruprecht in Furcht und
Angst versezt — dann aber wieder dadurch be-
ruhiget werden, wenn sie am Christtag nur recht
schön beten würden, so werden gleichsam alle

ihre vorhin begangenen Unarten und Fehler wieder gut gemacht, und der heilige Chrift werde
fie dann recht reichlich befchenken. Und wozu
endlich der entfezliche Aufwand, den die mehreften Eltern an diefen Tagen machen, wodurch
fich wirklich viele fehr wehe thun? Wozu die
Menge von Gefchenken und Sachen, die fie
nicht einmal alle genau anfehen und betrachten
können; daher man auch, wenn man Achtung
giebt, bald bemerken wird, daß die Freude der
Kinder über ihre Gefchenke bey weitem nicht fo
groß ift, als man fichs vorgeftellt hat. Denn
weil gar zu viele Dinge vor ihren Augen ftehen,
fo werfen fie nur einen allgemeinen flüchtigen
Blik darauf hin, ohne jedes insbefondere und
genau zu betrachten. Schnell verweilen fie dann
bey demjenigen Stük, welches nach ihrem Ge-
fchmak das fchönfte und beßte ift, und an die
übrigen wird weiter nicht mehr gedacht. Und
wenn es erft noch nüzliche Dinge wären, womit fie fich in der Folge auf eine angenehme
und nüzliche Art befchäftigen könnten: aber fo
find es mehrentheils Zukerwaaren, wodurch fie
lekerhaft werden, und ihren Magen verderben
— nichts davon zu gedenken, daß bey diefer Gelegenheit der Neid und die Eiferfucht unter den
Gefchwiftern rege gemacht wird, wovon fich auch

gar oft sehr heftige Ausbrüche zeigen, wenn
nemlich das eine Kind etwas Schöneres oder
Besseres bekommt, als das andere. Es wird
also nicht undienlich seyn, wenn ich meinen Lesern kürzlich erzähle, wie Klugmann seinen vier
Kindern den heiligen Christtag feyerlich und
wichtig und erfreulich zu machen gesucht habe.
O möchten doch alle Eltern, welche diese Erzählung lesen, sein Verhalten nachahmen!

Klugmann hatte seine Kinder frühzeitig daran
gewöhnt, nach allem zu fragen; warum dieß
und das geschehe? was dieß und jenes zu bedeuten habe? und mit ihren Fragen wandten
sie sich alle, wenn er da war, an ihren Vater.
Denn seine Frau hatte selbst gesagt, daß ihr
dieß lieb wäre, weil sie sich nicht getraue, ihnen von allen Sachen richtige Begriffe beyzubringen. Auch jetzt — am heiligen Christ-
Abend fragten sie ihn daher: „Was es doch zu
bedeuten habe, daß alles so schön ausgeputzt
werde?“ — Da fieng dann der Vater an, ihnen folgende Belehrung zu geben: „Meine lieben Kinder! merket wohl auf, was ich euch
jetzt sagen werde! Es ist bey den meisten Völ-
kern der Gebrauch eingeführt worden, den Ge-
burts- (auch wohl Namens-) Tag ihrer Fürsten und Könige feyerlich zu begehen, das heißt,

das Andenken an das Gute, was man ihnen
zu danken hatte, sich recht lebhaft vorzustellen,
und auch durch gewisse äusserliche Freuden- und
Ehrenbezeigungen ihnen ihre Hochachtung, und
ihre Liebe zu erkennen zu geben. Da sich nun
die Wohlthaten, welche Fürsten und Könige ihren Unterthanen erzeigen, größtentheils nur auf
die zeitliche Wohlfahrt derselben beziehen, indem sie, wenn sie gute Fürsten sind, für die
Gesundheit, für den zeitlichen Erwerb, für den
Schuz, die Ruhe und Sicherheit ihrer Unterthanen besorgt sind: so verdient gewiß der Geburtstag desjenigen vor allen andern gefeyert
zu werden, der sich um die wahre und geistliche Wohlfahrt der Menschen äußerst verdient
gemacht hat, dem die Menschen den beßten Re-
ligionsunterricht, die beßte Erwekung zur Tugend, und die dauerhafteste Gemütsruhe zu danken haben. Und sehet! Kinder! ein s o l c h e r
W o h l t h ä t e r der Menschen war J e s u s
C h r i s t u s, der mit so großem Recht sagen
konnte, Gott selbst habe ihn zu den Menschen
gesandt, Gott selbst habe ihm den wichtigen
Auftrag gegeben, die Menschheit von ihrem
großen Sittenverderben zu befreyen; sie über
ihre wichtigsten Angelegenheiten aufzuklären; sie
zu einer richtigen Erkenntniß, und zu einer wür-

digen Verehrung Gottes zu leiten, Liebe, und
Ehrfurcht, und Vertrauen zu Gott, und wahre
herzliche Liebe zu den Menschen in ihre Seelen
zu pflanzen; sie auf ihre wichtige Bestimmung
aufmerksam zu machen; sie dadurch zu freudiger
Ausübung ihrer manchfaltigen Pflichten zu ermuntern, und ihnen dazu durch die herrlichsten
Aussichten — selbst noch jenseits des Grabes —
Muth einzuflößen, und zugleich auch sie zur gelassenen und standhaften Erdultung der sie tref-
fenden Widerwärtigkeiten zu erweken. Dieser
weiseste und beßte der Menschen hatte nun auch,
wie ihr euch leicht selbst vorstellen könnet, den
schönsten und liebenswürdigsten Charakter. Er
zeichnete sich durch Freundlichkeit, Sanftmuth,
Menschen- und besonders Volksliebe ganz ausnehmend aus. Alle seine Schritte und Tritte
waren mit Wohlthun bezeichnet, ja er opferte
sogar am Ende über dem wichtigen Geschäfte,
das er auszurichten angefangen hatte, sein theu-
res Leben auf. Ein solcher Mann verdient ja
doch gewiß allgemein geschäzt und geliebt zu
werden, und sein Andenken muß jedem guten
Menschen heilig und theuer seyn. Es war auch
seine Geburt selbst mit sehr merkwürdigen
Umständen begleitet. Denn Gottes Weisheit
richtete es mit Fleiß so ein, daß gleich bey der

Geburt Jesu, seines Lieblings *), die Aufmerk=
samkeit der Menschen auf ihn rege gemacht wer=
den konnte. Und auch diese äusserlichen Um=
stände bey und nach der Geburt Jesu sollen
euch (so wie vorzüglich seine großen Verdienste
um die Menschen) an dem heiligen Christtag,
oder an dem Gedächtnißtag der Geburt
Jesu, in's Andenken gebracht werden. Ein
Bote vom Himmel brachte einigen Hirten auf
dem Felde die Nachricht, daß derjenige gebohren
ren sey, der einst ein großer Retter und Wohl=
thäter seines Volks (der jüdischen Nation), ja
aller Menschen werden sollte. Ihn, diesen Bo=
ten, umstrahlte ein heller Glanz; und bald dar=
auf ertönte auch die Luft von frohen Lobgesän=
gen, die sich auf die Geburt und auf die wich=
tige Bestimmung dieses Kindes bezogen. Selbst
weit entfernte weise oder gelehrte Männer wur=
den durch eine ihnen bedeutend=scheinende Luft=
erscheinung bewogen, an den Ort der Geburt
Jesu zu reisen, und ihm auf morgenländische
Manier durch Darbringung einiger ihrer kost=
barsten Landesprodukte (Gold, Weihrauch und
Myrrhen) und durch Kniebeugen ihre Ehrfurcht
zu bezeugen. Auf eine sehr wunderbare Art

---

*) Die Worte: „seines eingebohrnen Sohnes" wären
für Klugmamus Kinder zu schwer gewesen.

forgte Gott für das Leben und die Sicherheit
dieses Kindes, weil der damalige sehr eifersüch-
tige und grausame König Herodes, wegen falscher Begriffe von dem jüdischen Messias, es
aus dem Wege zu räumen suchte u. s. w. Da
nun auch wir, meine lieben Kinder, dem Unterricht Jesu, den uns seine Schüler und Freunde in ihren Schriften (in unserm N. Test.) auf-
behalten haben, so viel heilsame Belehrung, so
viel Aufmunterung zum Guten, so viel Trost
und Beruhigung im Leiden, und so frohe Aussichten in die Zukunft zu danken haben: o wie
billig ist es, daß wir den Gedächtnißtag seiner
Geburt (die zwar ohngefähr in unserm April
oder May fällt, die aber schon seit Jahrhun-
derten am 25. Dezember gefeyert wird) recht
feyerlich begehen! Denn ein größeres Geschenk, als diesen herrlichen, göttlichen Mann,
hätte uns Gott nicht machen können. Und eben
weil uns Gott durch ihn ein so großes Geschenk
gemacht hat, geben auch wir euch an diesem
Festtag einige Geschenke. Diese sollen euch
also an das größte Geschenk Gottes,
und an all' das Gute, das wir Jesu zu
danken haben, erinnern. Da ihr euch
nun zeither so ziemlich brav aufgeführt habt,
so bin ich Willens, auch euch diesen Tag zu ei-

nem recht frohen Tag zu machen. Zu dem Ende
werde ich etwas veranstalten, wodurch ihr auf
eine lebhafte Art an Jesum und seine Wohlthaten könnet erinnert werden. Und eben deßwe-
gen hat eure Mutter unsere Wohnstube so schön
aufgeputzt, damit alles, was ihr morgen sehen
und antreffen werdet, ein besseres Ansehen haben und euch recht hübsch in die Augen fallen
möge. Das göttliche Kind, das einst an diesem
Tage zur Welt gebohren wurde, befindet sich
zwar jezt auf immer an dem Ort der Seeligen. Aber so wie es in höhern Jahren eine
sehr große Liebe zu den Kindern äußerte, so ist
es ihm auch noch jezt Freude, wenn die Kinder recht gut und brav sind. Und dazu müsset
ihr euch morgen aufs Neue entschließen. Auch
ihm müsset ihr freudigen Gehorsam gegen seine
heilsamen Vorschriften angeloben. Daher habe
ich euch auch eines dieser schönsten Weyhnacht-
lieder lernen lassen. —

So hatte Klugmann mit seinen Kindern gesprochen, von denen das älteste 8. Jahre, und
das jüngste 4. Jahre alt war, welch lezteres bey
nachher angestellter Prüfung doch schon auch
eines und das andere hiervon gefaßt hatte. Und
nun will ich auch noch kürzlich melden, was er
für eine Veranstaltung für seine Kinder gemacht

hat. Vielleicht, daß auch diese unter meinen Lesern einige Nachahmer findet.

Seine Bemühung war dahin gegangen, ihnen eine sinnliche Vorstellung der Geburt Chri-
sti zu machen. Zu dem Ende hatte er schon seit
etlichen Wochen in seinen Erholungsstunden einige Häuser und Hütten von Pappendekel gemacht, aber nicht an Einem Stük, sondern so,
wie sie zu Nürnberg, und anderswo, von Holz
gemacht werden, wo immer ein Stük aufs andere kann gelegt werden. Denn seine Absicht
war, daß seine Kinder nicht nur etwas zum ansehen haben, sondern sich selbst eine Beschäftigung machen sollten. Auch verfertigte er mehrere Bäume, größere und kleinere, welche blos
aus kleinen Stekken, mit Moos überzogen, be-
standen. Nun stellte er in einiger Entfernung
die Szene mit den Hirten vor, deren Hütten
an ein Gehölze grenzten, und in tiefem Gehölze
brannten einige Wachslichter — wieder in einiger Entfernung sahe man einige Häuser von
Bethlehem, welche auch zum Theil durch Lichter
erhellt wurden.

Ausserdem lag auf einem besondern Tisch
für jedes Kind eine Weyhnachtgabe, die aber
blos aus gutem Gebakenen, einigen Nüssen und
Aepfeln, nebst einem Kleidungsstük bestand.

Der achtjährige Knabe bekam noch dazu Campe's Robinson; das älteste Mädchen Fedder-
sen's Leben Jesu für Kinder, und die zwey kleinern Mädchen jede eine Puppe (Dokke), und
alle ein Stük Geld, nebst einem Wachsstok, und
ein sehr zwekmäßiges Bilderbuch, welches er
nach seinem eigenen Plan zusammen gesezt hatte.
Es bestand aus Thälern, Vögeln, Landschaften,
Städten, Professionen, Künsten und Handwer-
ken. Und so konnte er es also auch bey seinem
Unterricht, den er ihnen selbst gab *), benuzen.

Die Kinder waren, als nun der Christmor-
gen herbey kam, schon mit 6. Uhr alle ausser ihren Betten — und äußerst groß war ihre Freude über diese Sachen. — Und das Alles hatte
unserm Klugmann kaum einen halben Reichsthaler gekostet!

———

*) Zwar schikte er sie auch zur Schule; er wußte aber,
daß sie da manches Nothwendige nicht gelehrt wurden; diesen Fehler suchte er also zu ersezen.

Fünftes Kapitel.

Ein Brief an Klugmanns Frau, welcher gute Lehren
für Schwangere enthält; und ein Brief von
traurigem Inhalt.

Meine liebe Frau!

So vest ich mir vorgenommen hatte, eine
Reise in die Stadt zu machen, und bey der Gelegenheit auch Sie zu besuchen, um Ihr, da
Sie noch allemal eine harte Geburt hatte, und
schon zweymal unfrölich gebahr, eine und die
andere gute Lehre zu geben, die ich in guten
Schriften gefunden habe: so unmöglich ist es
mir jetzt, indem ich schon etliche Wochen unpäßlich bin, und mich, wenn es sich auch, wie
ich hoffe, bald zur Besserung neigt, der kalten
und unfreundlichen Winterluft nicht aussetzen
darf. Um aber doch mein Versprechen zu halten, das ich Ihr durch meinen Mann habe thun
lassen, will ich ihr meine Gedanken schriftlich mittheilen. Nur bedaure ich, daß ich vielleicht zu
spat damit komme. Aber ich glaubte noch immer, Sie mündlich sprechen zu können. Doch —
Sie kann ja, wenn es Gottes Wille ist, in einer andern Schwangerschaft davon Gebrauch
machen. So bald Sie weiß, daß Sie schwan-
ger ist, so beobachte Sie die größte Vorsicht

und Sorgfalt in Absicht auf Essen und Trinken, und vermeide alle schwere, scharfe, und
das Blut erhizende Speisen und Getränke. Sodann mache Sie sich fleißig Bewegung, aber
mäßig, und vermeide Sie, so viel es nur seyn
kann, alle zu stark angreifende Geschäfte — besonders trage Sie keine schwere Wasser-Schaffe
(Gelten), und hüte Sie sich vor schnellem Büken,
besonders aber vor dem Uebersichhalten der Aer-
me. Ferner hüte Sie sich vor allem, was Ihr
Blut in Wallung bringen kann, von allem Aer-
ger und Verdruß, überhaupt vor allen Leidenschaften, besonders aber vor dem schnellen Tanzen, und erinnere Sie sich stets, daß alles, was
Sie thut, auf Ihre Leibesfrucht Einfluß hat.
Auch in Ansehung Ihrer Kleidung sey Sie klug
und sorgfältig, besonders hüte Sie sich, sich vest
zu schnüren. Auch befleißige Sie sich, stets heiter und froh zu seyn, und keinen traurigen
oder ängstlichen Gedanken nachzuhängen. Kleine
Uebelkeiten muß Sie nicht achten, noch viel weniger sich an vieles Mediziniren gewöhnen. Ist
aber der Zufall von Bedeutung, so folge Sie ja
nicht dem Rathe der Weiber, sondern ziehe Sie
einen verständigen und erfahrnen Arzt zu Rathe.
Auch in den lezten zwey Monathen unterlasse
Sie nicht, sich eine mäßige Bewegung zu ma-

chen. Bey Empfindung der Geburts-Wehen
schike Sie alsbald nach einer verständigen und
erfahrnen Hebamme (Wehemutter) und verdränge
alle ängstliche Gedanken aus Ihrer Seele. Sieht
es bedenklich aus, so schike Sie alsbald nach einem Geburtshelfer! Nach der Geburt genieße
Sie ja keinen Wein, auch keine Fleischsuppe,
und vermeide alles, was zu stärkend ist, oder
das Blut erhizt. Wenn es Ihre Natur nur nicht
ganz unmöglich macht, so stille Sie Ihr Kind
selbst. Dieß wird für Sie und Ihr Kind sehr
heilsam seyn. Außerdem fällt mir nichts Wichtiges bey. Ich wünsche Ihr von Herzen eine
glükliche Niederkunft. Und wenn es gleichwohl
gefährlich oder bedenklich aussehen sollte, stille
Gelassenheit, vestes Vertrauen auf Gott, und
Ergebung in seinen unerforschlichen — aber stets
weisen und gnädigen Rath. —

   Ihre

      wahre Freundin
      Caroline Baumann.

Es vergiengen 14. Tage — und noch 14. Tage — und kam immer keine Antwort auf diesen
Brief. Das kam mir bedenklich vor. Endlich
hatte Fröhlichs Hausfrau einige Pfund Butter
und Schmalz in der Stadt zu verkaufen. Diese

erfuchte ich alfo, zu Klugmann zu gehen, und
fich nach dem Befinden feiner Frau zu erkundigen. Sie that es, brachte uns aber keine gute
Nachricht, fondern fagte, die Kl. habe zu ihr
gefagt, ihre Schwangerfchaft fey dießmal be-
fchwerlicher als fonft, befonders leide fie viel
am Krampfe, ja es fcheine ihr, fie trage Zwillinge bey fich — außerdem fey es ihr immer fo
gar fchwer um's Herz, und fie könne gewiffe
traurige Vorftellungen, fo fehr fie fich auch
Mühe gebe, nicht aus ihrer Seele verdrängen.
Auch habe fie gefagt: ihr Mann hätte gern auf
den Brief meiner Frau geantwortet. Aber er
habe außerordentlich viele Gefchäfte, und über-
nehme noch manches Hausgefchäft, nur um fie
zu fchonen. Auch habe er uns nicht erfchreken
wollen. Jezt hätte fie noch ein Paar Monate
vor fich. — So vermuthete ich freylich nichts
Gutes, jedoch auch nicht das Schlimmfte. Es
vergleng aber nur ein Monat, und ich erhielt
folgenden von Klugm. gefchriebenen fchwarz ver-
fiegelten Brief.

Mein Hochzufchäzender
    Herr Pfarrer!

Ich vermag es kaum, an Sie zu fchreiben,
fo fehr bin ich noch von dem größten Verluft,

ben ich erlitten habe, darnieder gebeugt. Ja —
es ist mir leider entrissen — das liebe gute
Weib, das mir so treu war, das mich so zärt-
lich liebte, das so sehr darauf bedacht war,
mir Freude zu machen, und mir allen Verdruß
zu ersparen, das mich so oft aufheiterte, wenn
ich verdrüßlich war! — und, ach! wenn ich
meine Kinder ansehe, die ihr so sehr am Herzen lagen, und die alle so vest an ihr hiengen —
o ihr armen mutterlosen Waisen — dann möchte mir das Herz im Leibe zersprengen. Ach, ich
armer unglüklicher Mann! Lassen Sie sich erzählen, wie alles so schnell anders wurde, und
endlich einen so traurigen Ausgang nahm. Heute sind es gerade acht Tage, als sie einen großen
Schrekken einnahm. Abends acht Uhr, da wir
eben zu Bette gehen wollten, ertönte sehr nahe
bey unserm Hause das fürchterliche Wort: Feuer!
Feuer! — ich wollte sehen, obs nahe sey, meine liebe Frau aber, war mir, leider! zuvorge-
kommen, und als sie die obere Treppe erstiegen
hatte, um beym Kornladen hinauszusehen, that
sie einen Fehltritt, und fiel hinter sich die Treppe wieder herunter — Gott! wie erschrak ich.
Der Fall selbst hätte so viel nicht zu bedeuten gehabt; aber der gedoppelte Schrekken vom Feuer-
rufen und vom Fallen — war für sie zu stark

gewesen, sie bekam plözlich Geburtswehen — die Hebamme, die mir gegenüber wohnte, war bald da — aber jezt stellte sich der heftigste Krampf ein. — Ich konnte mein liebes Weib unmöglich verlassen — und weil wegen der Feuersbrunst, die ziemlich nahe bey uns war, alles in der Stadt in der größten Unordnung war, so stand es eine gute Weile an, biß ich nur Jemand kriegte, der den Geburtshelfer holte (denn mein achtjähriger Knabe, so wie das siebenjährige Mädchen lagen im ersten Schlaf, und waren, als ich sie wekte, lange ganz betäubt). Endlich bekam ich Jemand. Indessen hatte die Hebamme das Kind doch von ihr gebracht. Aber sie sagte gleich, es sey noch eins vorhanden. — Noch kam kein Geburtshelfer, und meine Frau wurde immer schwächer und schwächer — und spürte keinen einzigen Wehen mehr — voll Wehmut blikte sie bald auf mich, bald auf ihre zwey ältesten Kinder. (Die zwey kleinern hatte ich nicht weken wollen, weil die Feuersbrunst schon gelöscht war). Jezt kam endlich der Geburtshelfer — aber er zukte die Achseln, sobald er sie erblikte — gab ihr zwar etwas ein. Aber bald verlohr sie alles Bewußtseyn — er nahm, als sich wieder Wehen zeigten, und sie sich erholt zu haben schien, das zweyte Kind von ihr, das

aber tod war — und nach wenigen Minuten
gab die Gute ihren Geist auf. Und vor drey
Tagen war der schrekliche Tag, da ich sie mußte
begraben lassen. Das Jammern und Schreyen
meiner Kleinen, als ihr Leichnam gerade aus dem
Hause getragen wurde, kann ich ihnen unmöglich beschreiben. Ach! lieber Hr. Pfarrer! wären Sie doch jezt bey mir — denn ich habe
Trost sehr nöthig. Gott! wie wird es in meiner Haushaltung in kurzer Zeit aussehen? Meine Schwester springt mir zwar täglich bey —
aber da sie selbst Kinder hat, so kann ich es
ihr nicht zumuthen, das alles zu thun, was
nöthig wäre. O gewiß werden Sie und Ihre
liebe Frau mich und meine armen Kinder herzlich
bedauern. Ich muß abbrechen. Gott stehe mir
bey! Ich habe die Ehre ꝛc. ꝛc.

H. Klugmann.

Sechstes Kapitel.

Ein Brief, worinn ein Paar wichtige Vorfälle
erzählt werden.

Mein lieber, und jezt nach Gottes un-
erforschlichem Rath in Trauer versezter
Freund!

Ich kann es nicht länger anstehen lassen, Ihm
in Seinen traurigen Umständen zu schreiben.
Gebe Gott, daß durch meinen Brief einiger
Trost in Sein bekümmertes Herz kommen möge. Ich selbst bin durch Seine Nachricht sehr
gerührt worden; denn Er weiß es, ich habe
sehr viel auf Seine selige Frau gehalten. Ich
muß es Ihm also zugeben, daß Er äußerst viel
durch sie verlohren hat, und daß sie das Lob
ganz verdient, welches Er ihr giebt. Ich kann
es Ihm also auch nicht übel nehmen, daß Er
klagt und jammert. Aber Er wird allmählich
ruhiger Seinen Verlust ertragen, wenn Er es
von Herzen glaubt, daß Ihn auch dieser schmerz-
liche Verlust nach dem Rathe Gottes betroffen hat. Und was kann Gott, der Allweise
und Allgütige, anders über uns beschließen, als
was für uns in diesem und jenem Betracht, früher
oder später heilsame Folgen hat? So lange,

bis diese uns sichtbar werden, müssen wir al=
so seinen Rath in Demuth verehren, und seiner
Fügung uns kindlich unterwerfen. Gedult al=
so, mein Lieber! auch aus diesem Verlust wird
für Ihn und Seine Kinder, etwas Gutes her=
vorkommen. Das scheint Ihm zwar jezt gewiß
unglaublich zu seyn; aber vielleicht, daß ich Ihn
selbst noch daran erinnern kann, obs nicht wahr
seye. Seine lieben Kinder scheinen freylich am
meisten dabey verlohren zu haben: denn es wird
schwer halten, ob sie wieder eine so treue sorgfäl=
tige Mutter bekommen werden; aber auch eine
etwas strengere Erziehung möchte für sie sehr
heilsam seyn. Es sey ferne von mir, Seiner sel.
Frau zu nahe zu treten; aber das weiß Er selbst,
daß sie, vermög ihres Temperaments, auch in Ab=
sicht auf die Kinderzucht, fast zu gut war, und
ihnen manches übersehen hat, was sie ihnen nicht
hätte übersehen sollen. Uebrigens glaube Er ja
nicht, daß Sein Loos das traurigste sey. Ich
will Ihm hernach ein Paar Fälle erzählen, die
sich kürzlich in meinem Dorfe ereignet haben,
worüber Er sich wundern wird. — Und, o wie
ruhig kann Er seyn, lieber Mann, da Er nichts
bey Seiner Frau versäumt, da Er sie in ihrer
Schwangerschaft so liebreich unterstüzt, und bey
ihrer Geburt, so viel es nur damals die Um=

ſtände erlaubten, alle Sorgfalt angewandt, alle
Hülfe herbeygeſchafft hat. Und wie glüklich iſt
Er nicht in Vergleichung gegen ſo viele andere
Männer, die ſich in einer ſolchen Lage die bit-
terſten Vorwürfe wegen der Behandlung ihrer
Weiber machen mußten. Er aber hat Seine
ſel. Frau ſtets gut und liebreich behandelt, hat
mit ihren Schwachheiten Geduld und Nachſicht
gehabt, hat mit ihr in Friede und Eintracht
gelebt, und, ſo viel es nur Seine Vermögens-
umſtände erlaubten, ihr das Leben angenehm zu
machen geſucht. O das muß Ihm jezt ſehr viel
Troſt in Sein Herz flößen. Nun ſo ſey Er
dann ruhig, und traue es Gott zu, daß er für
Ihn und Seine Kinder väterlich ſorgen und alles zu Seinem und Ihrem Beſten werde aus-
ſchlagen laſſen. Aber ſo gerecht Seine Trauer
iſt, lieber Mann, ſo kann Er doch, wenn nicht
Seine Kinder und Seine Profeſſion leiden ſollen, nicht lange ſo bleiben. Doch — das wird
ſich ſchon geben. Jezt will ich Ihm nur noch
erzählen, was in meiner Gemeinde, und zwar
gewiſſer Maßen in Fröhlichs Familie vorgefal-
len iſt. — Fröhlichs lediger Bruder, der ſchon
ſeit zwey Jahren an der Auszehrung litte, iſt
endlich geſtorben. Er hat lange und empfindlich genug für ſeinen Leichtſinn büßen müſſen.

Denn Leichtsinn war es eigentlich, was ihn zu
all' seinen Handlungen verleitete. Seine Ge-
müthsart war im Grunde nicht schlimm. Ich
wüßte auch keinen eigentlichen schlechten Streich,
den er gemacht hätte. Aber, da er sehr san-
guinisch war, und die beßte Gesundheit genoß,
auch im Gefühl der stärksten Kraft stand, so
erlaubte er sich alles, wovon er sich Vergnügen
versprach (und das Tanzen, und zwar, das viele
Stunden lange, heftige und wilde Tanzen war
seine Leidenschaft), trozte auf seine gute Natur,
trank mitten im Tanzen ein Glas Bier und
Branntewein nach dem andern hinein — und
so mag er dann einmal einen Trunk gethan haben, der die Ursache seiner nachfolgenden Auszehrung war. O wie bitterlich — aber, leider!
zu spät — bereuete er seine leichtsinnige Lebensart! Möchten doch seine Kameraden, und alle,
die ihm ähnlich sind, durch seinen Schaden klug
werden! Ich wenigstens habe das meinige hiebey gethan, und in der Leichenpredigt, die ich
ihm hielt, alle ledige Leute sehr rührend gebeten,
daß sie sich doch dieses Exempel zu ihrer War-
nung möchten dienen lassen, und daß sie sich
bey ihren Ergözlichkeiten der Mäßigung befleiß-
sigen möchten. Ich muß auch gestehen, daß sie
alle sehr gerührt wurden. Aber darauf darf

man eben, leider! bey jungen Leuten nicht viel
bauen. — Der andere Vorfall, der sich ereignete, ist viel trauriger. Ein Vetter von Fröhlich, der sich erst allen möglichen Ausschweifungen, besonders aber dem Trunk, und Spiel,
und Müssiggang ergeben hatte; der nie anders
als betrunken nach Hause kam, und dann seine
Frau und Kinder mißhandelte; bey dem selbst
kein Dienstbote länger als ein Vierteljahr blieb,
hatte sich endlich in die bitterste Armuth gestürzt, und da er, weil er seine Neigung nicht
mehr befriedigen konnte (denn kein Wirth und
kein anderer Mensch borgte ihm mehr), seines
Lebens überdrüssig wurde: so faßte er endlich
den verzweifelten Entschluß, sich zu erhängen. —
Es ward bald genug entdekt; sein eigener Knecht
schnitt das Strumpfband los, womit er sich er-
hängt hatte, und so ward er wieder zu sich
selbst gebracht. Natürlich ward ich nun herbey
gerufen, und da hatte ich einen sehr harten
Stand. Trösten konnt' ich ihn nicht. Und so
sprach er von nichts als vom Teufelholen. Ich
suchte ihm das auszureden; aber es nüzte alles
nichts — seine Seele sey verlohren, darauf
blieb er steif und vest. Bey so traurigen Aussichten konnte ich nichts weiter thun, als den
Seinigen eine genaue Aufsicht auf ihn empfeh-

len. Sie befolgten zwar meinen Rath; aber
demohngeachtet kam er ihnen einmal weg, und
nach ein Paar Tagen fand man ihn in dem an
unserm Dorfe vorbey fließenden Flusse. Noch
schaudert mir die Haut, wenn ich an das schrekliche Ende dieses ehemals so wohlhabenden
Mannes gedenke. Denn er saß auf dem Hofe
seines Vaters, und befand sich in weit glüklichern Umständen, als sein Vetter. Oft genug
hatte ich ihn ermahnt, und gewarnt, und auch
auf meiner Stube, besonders wegen der grau-
samen Behandlung seines Weibes bestraft; aber
es hat alles nichts geholfen. Er versprach nur
deswegen Besserung, um meiner Ermahnungen
los zu werden, und begab sich unmittelbar von
meinem Hause ins Wirthshaus, um die Stimme seines Gewissens zu betäuben, und sich, so
gut es sich thun ließ, die schweren Gedanken zu
vertreiben. Seine Frau und Kinder bedaure ich
von Herzen. Doch — da erst kürzlich Fröhlichs
(Seines Freundes) Schwieger gestorben ist, von
der er mehrere Hundert Gulden erben wird,
(welches ich ihm von Herzen gönne) so habe ich
ihm bereits diese unschuldig verarmte Familie
empfohlen, und ich zweifle nicht, er wird an
ihr freundschaftlich handeln. Er, mein Freund,
wird ohne mein Erinnern aus dieser Erzählung

selbst die Bemerkung herleiten, welch ein großer
Unterschied es ist, ob man das Unglük, das einem begegnet, als eine Prüfung Gottes, und
als eine liebreiche Heimsuchung, oder aber als
eine gerechte Strafe seiner vorhin begangenen
Sünden anzusehen habe, und wie leicht es im
ersten Fall seye, sich zu trösten und zu beruhigen. Findet Er Zeit, so schreibe Er mir auch
einmal wieder. Ich wünsche Ihm von Herzen
Gedult und Gottes Beystand.

Sein

wahrer Freund

K. Baumann, Pf.

Nachschrift.

Unterlasse Er ja nicht, da ohnehin der schöne und angenehme Frühling sich nähert, mit
seinen Kindern fleißig vor das Thor zu spazieren, um dadurch Sein Gemüt aufzuheitern. Aber Er muß nicht bey dem Kirchhof
vorbey gehen. Denn sonst würde Er Seiner
Traurigkeit nur neue Nahrung geben.

Siebentes Kapitel.

Klugmanns Aussichten erheitern sich.

––––––

Am 30. April.

Mein Hochzuschäzender
Herr Pf.

Verzeihen Sie doch, daß ich Ihnen erst jezt antworte, da ich doch Ihr schönes Trostschreiben schon vor drey Wochen erhalten habe. Zuvörderst bezeuge ich Ihnen für dasselbe meinen besten herzlichsten Dank. Es hat einen recht guten Eindruk auf mein Herz gemacht, und sehr viel zu meiner Beruhigung beygetragen. Denn fürs erste sind wir in einer so traurigen Lage nicht zum Nachdenken aufgelegt, und dann fallen uns oft die besten Trostgründe nicht bey. Ueberhaupt aber pflegen wir einen Trauerfall, einen großen Verlust nur von Einer, und gerade von seiner traurigen Seite anzusehen. Sie aber haben mich auf wichtige Wahrheiten aufmerksam gemacht und mich auf Betrachtungen geleitet, die mich nothwendig beruhigen mußten. Gott segne Sie dafür, bewahre Sie aber in Gnaden vor dergleichen traurigen Zufällen. —

Ich vermiſſe noch ſehr, die gute, die ſorg=
ſame, die fleißige, die ſtets geſchäftige und
doch ſtets heitere Gattin und Mutter. Es ent=
fällt mir noch oft eine ſtille Thräne um ſie, die
ich nur vor den Augen meiner Kinder zu ver=
bergen ſuche. Aber doch miſcht ſich in meine
ſtille Traurigkeit der Gedanke: das Loos iſt ihr
gefallen aufs lieblichſte. Ihr iſt ein ſchön Erb=
theil geworden. Sie hatte hienieden doch auch
der Sorgen, der Beſchwerden, der Arbeiten,
und auf die Lezte der Schmerzen ſehr viele.
Nun iſt ſie davon auf immer befreyt; nun wird
ſie mit Freude und Wonne getränkt. Nun em=
pfängt ſie den Lohn ihrer Treue und Liebe, den
Lohn ihrer Arbeiten und Geſchäfte, den Lohn für
ihre ſo ſtandhaft erdultete Leiden. Und ſo wird
mein Schmerz gemildert; ſo bin ich fähig, ge=
laſſener um ſie zu trauren, und ihren Verluſt
gedultiger zu ertragen. Ihr iſt nun ewig wohl.
Warum ſollt' ich ihr ihr Glück nicht gönnen?
Aber freylich iſt es mir nicht immer möglich,
in dieſer ruhigen Faſſung zu bleiben. Wenn ich
für alles ſorgen, alles anordnen ſoll: dann
empfinde ich aufs Neue das Unangenehme mei=
ner Lage, dann fühle ich es doppelt, was ich
an ihr gehabt, und nun verlohren habe. Aber

— es wird doch auch wieder anders werden,
denke ich dann — und so lebe ich also — freylich nicht vergnügt, aber doch so ziemlich be-
ruhigt, und durch die Hofnung gestärkt, Gott
werde auf das Ungewitter mir und den Meinen
auch wieder die Sonne der Freude scheinen lassen. Ihren Rath, Theuerster Hr. Pf., jezuweilen mit meinen Kindern in's Freye zu spazieren,
befolge ich genau, und befinde mich sehr wohl
dabey. Aber — wenn ich es mir denke, wie
wohl es uns allen wäre, wenn sie auch, die
Seelige, an unsrer Seite wandelte: dann ist
mirs schwer, von ihr zu schweigen und meine
Empfindungen zu erstiken. Ich werde wehmütig,
und meine ältern Kinder fragten mich erst kürzlich, da sie in meinen Augen Thränen bemerk-
ten, um die Ursache meiner Traurigkeit. Ich
konnte und wollte sie ihnen nicht ganz verschweigen, suchte aber doch ihre Gedanken bald auf
andere Gegenstände und Betrachtungen zu leiten. — Und nun will ich Ihnen noch eines und
das andere von mir berichten, was Ihnen vielleicht nicht ganz unwichtig und unangenehm seyn
wird. — Alles, was Sie mir in Ihrem vor-
lezten Briefe angerathen haben, fand ich sehr
vernünftig, und werde auch alles getreulich be-
folgen. Ich machte auch sogleich noch lange vor

der Niederkunft und dem Tode meiner Frau den
Anfang, dann und wann in die Gesellschaft meiner Zunftgenossen und anderer Bürger zu gehen.
Und in kurzer Zeit wurden sie viel freundlicher
und zutraulicher gegen mich, und ich merkte
deutlich genug, daß sie meine vorherige Entfernung mir für Stolz ausgelegt hatten. So habe ich nun manches erfahren, was ich vorhin
gar nicht wußte, und was mir doch zu wissen
in mancher Hinsicht nützlich ist. Besonders bin
ich von den Ursachen des Streits, der, leider,
zwischen der Obrigkeit und Bürgerschaft obwal-
tet, viel gründlicher unterrichtet worden. Auch
scheint es, mein äußerliches Betragen, und darf
ich es sagen, auch mein moralischer Charakter
haben mir mehrere Personen geneigt gemacht:
denn ich habe seit der Zeit einige neue sehr gute Kunden bekommen, und überhaupt wollten
meine guten Freunde bemerken, daß seit meines
gesellschaftlichen Lebens mein ganzer äußerlicher
Charakter eine vortheilhaftere Gestalt erhalten habe.

Am 25. May.

Schon war ich im Begriff, Ihnen meinen
Brief zuzuschiken, als plözlich alle meine Kinder
von den Blattern befallen wurden. Zum Glük
erhielt ich eine sehr brave und sorgfältige Wär-

terin für sie. Aber ohngeachtet ich sogleich einen geschikten Arzt für sie gebrauchte, hatte ich
doch das Unglük, daß die zwey jüngern, als
die Blattern hätten abdorren sollen, starben.
Ihr Verlust thut mir sehr wehe, so deutlich ich
auch einsehe, daß diß für mich in anderm Betracht gut seyn kann. Denn zu vier Kindern
hätte ich schwerlich eine Frau nach meinem Wunsche erhalten. Jezt aber kann ich Ihnen melden, daß ich Hofnung habe, eine sehr brave
Gattin zu bekommen, und zwar, welches mir
sehr wohl thun wird, eine von sehr beträchtli-
chem Vermögen. Es ist mir nemlich vor einigen Tagen die Ehre wiederfahren, daß ich, ohne mein Ansuchen, zum Zunftvorgesezten durch
die Mehrheit der Stimmen erwählt worden bin.
Und dieser Umstand mag etwas dazu beygetragen haben, daß die Person, die ich zwar sehr
zu meiner Gattin gewünscht habe, von der ich
aber befürchtete, daß sie mich ausschlagen werde, nun soviel als ihr Jawort von sich gegeben
hat. Sehen Sie, mein Bester Hr Pfarrer! so
scheinen sich meine Aussichten mit einmal aufzuheitern; und was Sie gesagt haben, daß auch
auf den erlittenen großen Verlust früher oder
später etwas Gutes hervorkommen werde, scheint
bereits in Erfüllung zu gehen. So meint es

Gott immer beſſer mit uns, als wir's ihm zu
trauen. — Werden Sie nicht auch einmal wieder nach der Stadt kommen? Es würde mich
unendlich freuen, Sie nach ſo langer Zeit wieder einmal zu ſehen und zu ſprechen. Wird es
mit meiner neuen Verbindung vollends richtig,
ſo gebe ich Ihnen ſogleich Nachricht davon,
und ich mache mir einige Hofnung, daß Sie
mein Hochzeitmahl mit Ihrer hochſchäzbaren Gegenwart beehren werden. Leben Sie recht wohl.
Ich habe die Ehre ꝛc. ꝛc.

H. Klugmann.

N. S. Ihrer würdigen Frau bitte ich mich be-
ſtens zu empfehlen, und für ihren an meine
ſeel. Gattin geſchriebenen Brief laſſe ich ver-
bindlich danken.

Achtes Kapitel.

Was die Erbſchaft Fröhlichs für Folgen bey ihm gehabt habe.

Ich habe euch, lieben Leſer, von unſerm Buchbinder Klugmann jezt gerade ſo viel geſagt, daß
ich hoffen darf, ihr werdet ihm gut ſeyn, und
es ihm herzlich gönnen, daß ihm der Verluſt
ſeiner Frau ſo gut wieder erſezt wird. Laſſen

wir ihn nun seine neue Verbindung vollends in
Richtigkeit bringen, und begeben uns auf einige Zeit auf das Land zu unserm Fröhlich, den
wir noch besser müssen kennen lernen, um uns
ein Bild von seinem Charakter machen zu können. So viel haben wir schon gesehen, daß er
nicht unter die schlimmen Menschen gehört. Ob
er aber schon der gute Mensch war, der er
seyn sollte, das wird sich bald zeigen. Und wo
lernen wir einen Menschen besser kennen, wo
verräth er mehr seine Denkungsart, als im Glük
und Unglük? — Ein gutes lenksames Herz hatte er wirklich. — Aber sein Charakter hatte noch
bey weitem nicht die gehörige Festigkeit. Glükliche und unglükliche Ereignisse mußten das ihrige erst dazu beytragen. Laßt uns also sehen,
was beyde auf sein Herz für einen Eindruck gemacht, zu was für Gesinnungen und zu welchem
Verhalten sie ihn bewogen haben. Er ist freylich in Gefahr durch den Sonnenschein des
Glüks, der ihn auf einmal bestralte, verblendet
zu werden, und von dem Weg der Tugend ab-
zukommen. Doch — ich will euch nicht vor-
greifen — ihr möget ihn selbst richten. — Nur
bitten will ich euch, eure Hand auf euer eigenes Herz zu legen, und euch redlich zu fragen,
ob ihr nicht in seiner Lage eben so — viel-

leicht noch sträflicher — gehandelt hättet, oder
gehandelt habt. Und hiemit sey dieser Eingang
beschlossen! — Unser Fröhlich, der Zwie-Rößler, hatte also, wie ich schon vorhin zu verstehen
gegeben habe, eine gute Erbschaft gethan, die
sich auf achthundert Gulden belief, ohne was
die Hausgeräthe ausmachten, die er, weil er
selbst gut eingerichtet war, fast alle zu Geld
machen konnte, und aus welchen er auch ein
Paar hundert Gulden löste. Nun war ihm also auf einmal geholfen. Er konnte jezt ein rechter Bauer werden, konnte sich noch ein Pferd
anschaffen, konnte ein Paar Aeker kaufen, konnte noch eine Kuh einthun, und ein Kapital von
hundert Gulden heimzahlen — und war nun
ganz Schuldenfrey. In seinem Akerbau, und
in seiner Viehzucht war jezt gleichsam recht der
Seegen. Alles gab herrlich aus, und sein Vieh
vermehrte sich so, daß er einige alte Kühe verkaufen konnte, nebst ein Paar Füllen (Fohlen).
Daß er nun auch etwas besser aß, und trank —
wer wird ihm das übel nehmen — eben so wenig, als das, daß er sein Häuschen hübsch
herausmachen, und seine Scheure vergrößern
ließ. Aber von einem kommt man auf das andere. Auch seine übrigen Bauern, und Dorfbewohner sollten's ihm nun anmerken, daß er

nicht mehr der arme Zwie-Rößler sey. Wo die
reichsten unter ihnen Wein tranken, da trank er
auch Wein: wo sie Kaffee und Burgunder aus-
spielten, da that ers auch. Wo sie Sechsbäz-
ner und endlich gar große Thaler auf ein Spiel
in der Karte sezten, da machte er auch mit.
Es war natürlich, daß nun alles im Dorf von
ihm redete. Die, welche auf seine Kosten mit
ihm tranken, (denn er war mehr als gutherzig)
lobten ihn natürlich über die Maßen; die andern aber, vorzüglich die, so ihn beneideten,
sprachen überlaut: Ja! der wirds lange treiben! Wir wollen's wohl noch erleben, daß er
ärmer wird, als er zuvor war. Seine wahren
Freunde sagten ihm das, und wollten ihn zur
Mäßigung in seinen Glüksumständen und zur
Einschränkung in seiner Lebensart ermuntern;
aber es war nun einmal so angefangen, und
ein gewißer Stolz, wozu er schon von Natur
Anlage hatte, und der jezt sehr merklich aus-
brach, verhinderte ihn, ihren gutgemeinten Warnungen Gehör zu geben. Einst kam er sehr
aufgeräumt nach Hause, traf aber seine brave
Hausfrau sehr traurig und verdrüßlich an. Er
fragte sie (denn er hatte sie wirklich lieb) sogleich nach der Ursache. Da kamen ihr die
Thränen ins Auge, und sie sprach weinend:

„Um Gotteswillen! Mann! wo will das hin-
„aus, wenn du so fortmachst, wie du seit eini-
„gen Wochen angefangen hast? glaubst du nicht,
„daß es mir wehe thut, daß ich dich das schö-
„ne Erbtheil von meiner seel. Mutter so muß
„verschleudern sehen? Ach! ich bitte dich! halt
„inne, sonst sind wir in wenigen Jahren die
„ärmsten Leute!" — Fröhlich erschrak, wurde
ernsthaft, versprach Besserung. Aber — bey
der nächsten Gelegenheit war er leichtsinnig genug, (denn der Leichtsinn war eine Krankheit, womit alle Fröhlich behaftet waren) wieder eben so kostbar zu leben, und eben so
theuer zu spielen. Ein falscher Ehrgeiz kam
hinzu und bestärkte ihn in seiner Handlungsart.
Dießmal verlohr er im Spiel mehrere Thaler,
und so kam er denn sehr unaufgeräumt nach
Hause. Zwar hatte er sich alle Mühe gegeben,
sich vor seiner Frau nichts merken zu lassen;
aber sie sahe ihm wohl an, was ihm fehlte.
Sie schwieg aber dießmal; nur konnte sie sich
nicht überwinden, viel mit ihm zu reden, noch
viel weniger ihm mit der sonst gewöhnlichen
Freundlichkeit zu begegnen. Das verdroß ihn
— und doch sagte ihm sein Gewissen, daß er
keine bessere Begegnung verdient habe. Er war
also gleichsam sich selbst feind — und in diesem

verdrüßlichen Gemütszustand gieng er — wer
sollte es glauben? — abermals ins Wirthshaus,
um sich, wie er meinte, die Grillen zu vertreiben. Endlich aber ereignete sich etwas, das
allein unsern Fröhlich zum Nachdenken bringen
konnte. Das öftere Weintrinken, das er sonst
gar nicht gewohnt war, hatte auf seine Natur
keinen guten Einfluß. Sein Geblüt ward sehr
erhizt, und zum Unglük wurde er dießmal im
Wirthshause in Händel verwikelt. Er trank
nun im Zorn und Verdruß ein Glas über das
andere hinein, und so brach gleich den Tag darauf ein hiziges Gallenfieber an ihm aus, das
ihm bald das Leben hätte kosten können, wenn
er nicht auf mein starkes Zureden einen ordentlichen und geschikten Arzt gebraucht hätte.

Seine hochschwangere Frau war beinahe un-
tröstlich. Der Anblik ihrer fünf noch unmündi-
gen Kinder, der Gedanke an ihr Kind, das unter ihrem Herzen lag, und der wahrscheinliche
Verlust ihres Mannes, den sie im Herzen auf
das zärtlichste liebte, giengen ihr viel zu sehr
zu Herzen. Wo sie gieng und stand, weinte und
jammerte sie, und schlug die Hände über dem
Kopf zusammen. Auch ich wurde herbey gerufen, und traf es gerade, daß der Kranke ganz
bey sich selbst war. Da bot ich dann alle mei-

ne Kräfte auf, ihn zu rühren und zum Nachdenken und zur Bereuung seiner bisherigen Fehler zu bringen. Da weinte er, wie ein Kind,
gab mir die Hand, und versprach mir, so wahr
Gott lebe! Besserung, wenn ihm Gott nur dießmal die Gnade erzeigen, und ihm wieder zu
seiner Gesundheit helfen würde. Jezt kam auch
der Arzt, und machte uns allen gute Hofnung.
Die Frau glaubte einen Engel zu hören. Sie
gieng zu dem Bette ihres Mannes hin, ergrief
seine Hand, und sprach: „Ach, Gott Lob! lieber Mann, ich darf auf deine Besserung hoffen.
Ach! wenn du mir von diesen Kindern wegge-
storben wärest!" — Fröhlich konnte vor Rührung und Schluchzen nicht reden. Endlich brachte er die Worte heraus: „Gott sey tausendmal
gedankt, daß er es noch so gut mit mir meint!
Und tausend Dank dir, meine Gute, für deine
Liebe, deren ich mich seit einiger Zeit so unwerth
gemacht habe. Aber, bey Gott! ich will ein
ganz neuer und besserer Mensch werden! — Es
besserte sich auch von Tag zu Tage. Und nach
drey Wochen, als seine Frau mit einem Sohn
glüklich entbunden wurde, konnte er schon selbst
bey der Taufe die Vaterstelle vertreten. Er
hielt nun auch redlich, was er in seiner Krankheit Gott und seinem braven Weibe versprochen

hatte; gieng äußerst selten in's Wirthshaus, trank dann einen Schoppen Wein, oder eine Maas Bier, rührte aber keine Karte mehr an. Gott fuhr fort, ihn auf seinem Felde und bey seiner Viehzucht zu seegnen, und so waren die hundert Thaler, die er binnen einem halben Jahre verschleudert hatte, bald wieder ersezt. Seine Frau verdoppelte nun auch ihre Liebe und Freundlichkeit gegen ihn, und so war nun dieses Ehepaar eines der glüklichsten im Dorfe.

Neuntes Kapitel.

Was sich in Fröhlichs Familie weiter zugetragen; und ein sehr schöner Beweis von seiner gründlichen Besserung.

Es scheint fast, daß noch eine väterliche Prüfung für unsern Fröhlich nöthig gewesen seye, um ihn auf dem guten Wege zu erhalten, auf dem er nun wandelte. Oder wollte ihm Gott nur Gelegenheit geben, seine Besserung durch eine schöne und edle That zu beweisen; oder wollte Gott sich an einigen zwar ohne ihre Schuld verarmten Waisen, als Vater der Waisen, verherrlichen; oder — war es alles zusammen, was Gott beabsichtete: — Genug — denn wer will Gottes weise und gnädige Absichten

allemal erforschen — genug, daß er seine Absichten wirklich erreichte.

Kaum hatte Fröhlichs Hausfrau das Wo-
chenbette verlassen, als auch ihre zwey jüngsten
Kinder (das Kindbettkind noch nicht mitgerech-
net) von den Blattern befallen wurden, welche
eben im Dorfe graffirten, und woran schon sehr
viele — aber leider, meistens durch die Schuld
ihrer Eltern, und durch die verkehrte Behandlungsart ihrer Kinder, gestorben waren. Hatte
Jemand im Dorf seine Kinder lieb, so war es
Fröhlich und seine Hausfrau. Aber eben diese
Liebe war die Ursache, daß sie diese beyden kranken Kinder verlohren. Aus lauter Sorgfalt
ward die Stube übermäßig geheizt, und sie sta-
ken in ihren schweren Federbetten so tief, daß
sie kaum Athem schöpfen konnten. An eine Ab-
führung, ehe sie krank wurden, war gar nicht
gedacht worden, eben so wenig an eine Auslüf-
tung der Stube; und in ihrer Krankheit gab
man ihnen alles, was sie wollten, so schädlich
es ihnen auch war. So war es also kein Wunder, daß sie ein Raub des Todes wurden. Es
stand nicht lange an, so bekam das neugebohr-
ne Kind Gichten, und starb nach 12. Stunden
gleichfalls.

Mir iſt es ſehr merkwürdig, ſagte dann
Fröhlich zu ſeinem Weibe (nachdem ſeine Kinder einige Tage unter der Erde lagen, und ſie
ſich Beyde von ihrer Traurigkeit erholt hatten),
daß uns Gott in ſo kurzer Zeit drey Kinder entriſſen hat. Ich habe ſchon immer hierüber nach-
gedacht, und da wurde auf einmal der Gedanke
in mir ſehr lebhaft: „Wie? wenn dir Gott damit einen Wink hätte geben wollen, daß du dich
der Waiſen deines Vetters erbarmen, und Va-
terſtelle an ihnen vertreten ſollteſt?" Was
meinſt du hiezu, Kätte? Ich bin ganz deiner
Meinung, antwortete ſie. Denn das iſt ein ſehr
guter Gedanke, der dir da beygefallen iſt, und
alle gute Gedanken kommen ja von Gott her.
Ich denke alſo, ſprach Fröhlich, wir können
von unſern verbeſſerten Umſtänden keinen beſſern Gebrauch machen, und Gott unſere Dank-
barkeit für ſeinen Seegen auf keine wohlgefälli-
gere Art bezeugen, als dadurch, daß wir ein
Paar von dieſen Kindern an Kindesſtatt annehmen, und Vater- und Muttertreue an ihnen
beweiſen. Ja, erwiederte ſeine Frau, das iſt
ſchön, das iſt chriſtlich gehandelt. O lieber
Mann, wie machſt du mir eine ſo große Freude! Mit welchem Wohlgefallen wird nun Gott
auf dich herab ſehen! Wie wird er dir deine

Geschäfte gelingen lassen! Wie manche frohe
Stunde wirst du haben, wenn es uns gelingt,
diese Kinder zu verständigen, und guten, und
nützlichen Menschen zu machen! Fast möchte ich
dich beneiden, daß du zuerst diesen Einfall gehabt hast. Da schmunzelte dann unser Fröhlich, und sagte: Nicht wahr, das wird besser
seyn, als wenn ich ins Wirthshaus gehe, und
das Geld verspiele? Ich kann mirs aber auch
zum voraus vorstellen, daß der Anblik der guten Früchte, die aus dem Saamen, den ich in
ihre Herzen streuen werde, hervorwachsen würden, mir weit mehr Vergnügen machen werde,
als der Genuß der köstlichsten Weine. O wie
danke ich Gott, sezte er noch hinzu, daß er mich
an den Rand des Grabes geführt hat! Mein
Leichtsinn mußte gebrochen werden; und mein
Stolz hatte eine Demüthigung nöthig. Diese
schöne Erklärung rührte das Herz seiner braven
Käthe so sehr, daß ihr die Thränen in die Augen traten. Aber, nicht wahr! sprach sie jezt:
ich darf mir die Freude machen, es den Kindern und ihrer Mutter anzusagen, daß wir sie
annehmen wollen? O ja! Du willst ja auch
Muttertreue an ihnen beweisen, antwortete Fröhlich. Ich gönne dir also diese Freude von Herzen. Du kannst auch diese Kinder sogleich mit-

bringen. Ihre Kleider kann man ihnen allemal
nachschikken. Ich bin jezt wirklich so gut auf=
geräumt. Dieser Abend soll uns vollends recht
froh vorbeyfließen! — Und so holte also seine
Frau die Kinder ab; und sie jauchzten und
sprangen vor Freude. Zwar hatten sie ihre
Mutter recht gern; aber da man ihnen sagte,
wie sie es bey Fröhlich, ihrem Vetter, so gut
haben werden; wie sie sich alle Tage würden
recht satt essen dürfen; wie sie so hübsch wür=
den gekleidet werden; wie sie in Gesellschaft mit
ihrem kleinen Vetter und Baasen herumspringen
und sich ein Vergnügen machen dürften: da
waren sie außerordentlich vergnügt. Noch hatte
ihnen ihre Mutter befohlen, daß sie zu Fröh=
lich — Vater, und zu seiner Frau — Mutter
sagen sollten; und dann küßte sie sie, und sprach:
Seyd brav, und haltet euch wohl! Und so
gieng's dann fort — nicht ohne Vergießung vie=
ler Thränen von Seiten der Mutter. — Jezt
waren sie in Fröhlichs Stube angekommen. —
Er empfieng sie mit aller Freundlichkeit. Schon
standen ein Paar Gläser mit Bier da, und ne=
benher fünf Wekken *). Da! laßt's euch recht
wohl schmekken, sprach Fröhlich; und er und

*) Damit auch seine Kinder mit essen konnten.

sein Weib sahen mit Luft zu, wie sie sich's
schmekken ließen. Auch seine Kinder hatten über
die neue Gesellschaft eine große Freude, und
holten ihre Spielsachen herbey, um ihnen damit eine Freude zu machen. Als sie nun ge-
gessen und getrunken hatten, erlaubte ihnen
allen der Vater, sich draußen ein Vergnügen
zu machen. Ich hoffe, sagte er, ihr werdet
in Frieden mit einander auskommen. Nichts
aber freute unsern Fröhlich und seine Frau
mehr, als daß die Kinder sie Vater und Mutter nannten. Sie fühlten sich auch recht wohl-
auf; nahmen alles an, was man ihnen sagte
und zeigte; lernten auch etwas Rechtschaffenes
in der Schule, und kamen ihnen nach kurzer
Zeit recht wohl bey ihren Geschäften zu statten.
Und es gereuete unsern Fröhlich nie, daß er
ein Werk der Liebe an diesen Waisen gethan
hatte. Ja, er sagte zum öftern: „Es ist, als
wenn diese Kinder noch mehr Seegen in mein
Haus gebracht hätten!"

Zehentes Kapitel.

Es erscheint eine religiöse Braut. Und Klugmanns
Erzählung von der Abnahme der Religiosität
in der Stadt.

Mein Hochzuschäzender
Herr Pfarrer!

Mit meiner neuen Verbindung hat es nun seine völlige Richtigkeit. An meiner lieben Braut
entdeke ich immer mehr gute Eigenschaften. Und
ich hätte große Lust, Ihnen ihren Charakter zu
schildern; aber ich fürchte parteyisch zu seyn,
und dann ists auch noch zu früh. Am liebsten
wäre mirs, Sie lernten sie Selbst kennen, und
sagten mir dann Ihr Urtheil über sie, und ob
ich gut gewählt habe. Besonders wohl gefällt
es mir, daß sie eine sehr religiöse Denkungsart
hat. Und ich wurde dieser Tagen sehr beschämt,
da sie nach meinen Erbauungsbüchern fragte,
und ich ihr kein's als den Stark aufweisen
konnte. Das war ehmals ein gutes Buch!
sagte sie, und ist es für eine gewisse Klasse von
gemeinen Christen noch. Aber bey Ihm, einem Buchbinder, dem so viele gute Schriften
unter die Hände kommen, sezte sie hinzu, hätte
ich doch die Erbauungsschriften eines Rosen-

müllers, Seilers, Sturms, Feddersens, Zoll-
kofers und Förſters geſucht, wenigſtens eine
und die andere davon. Er muß mir dieſe Of-
fenherzigkeit, womit ich rede, nicht übel nehmen. Ich weiß doch, daß er ein religiöſer
Mann iſt, ſonſt hätte ich ihn nicht zu meinem
Gatten wählen können. Denn was kann ſich
eine Frau von einem Mann, der keine Religion
hat, für eine Behandlung verſprechen? Wie
kann ſie ſich von ihm bey den Beſchwerden der
Schwangerſchaft, in Krankheiten, in irgend einer traurigen Lage Theilnehmung, Troſt, Hülfe
und Beyſtand verſprechen? Glaube er nicht,
mein Lieber, daß er an mir eine Pietiſtin bekommt. Ich haſſe nichts mehr als Heuchelen,
und bin denjenigen gar nicht gut, welche über
ihrem Leſen und Beten ihre häuslichen und Be-
rufsgeſchäfte verſäumen. Aber ich bin eben ſo
veſt überzeugt, daß unſre Tugend ein Funda-
ment haben muß, und daß ſie von Zeit zu Zeit
eines Antriebs und einer Ermunterung bedarf.
Der Mann ohne Religion wird zwar manche
einzelne gute oder gutſcheinende Handlung verrichten; aber nur aus Ehrgeiz und Ruhmſucht,
oder gar aus Eigennuz. Wie viel müſſen wir
aber im Stillen thun, wofür wir uns weder
Beyfall noch Belohnung verſprechen dürfen?

Hiezu ist nur der wahre Christ fähig. So, mein theurer Hr. Pfarrer, sprach meine liebe Jungfer Braut. Und Sie können sich vorstellen, in welche Verwunderung ich dadurch gesezt wurde, wie sehr meine Achtung und Liebe gegen sie zunahm, wie ich aber auch dadurch beschämt wurde. Ich konnte nichts zu meiner Entschuldigung, daß ich keine von jenen Schriften besitze, vorbringen, als (was freylich wahr ist) meine Umstände hätten es nicht erlaubt, einige der Bücher, die ich gebunden habe, zu lesen. In der Woche hätte ich in einem fort arbeiten müssen *). Des Sonntags sey ich zur Kirche gegangen, und des Abends hätte ich einen Spaziergang gemacht. Sie war ganz damit zufrieden und fügte nur die Bitte bey: aber nicht wahr, Zollikofers Andachtsbuch schaffst du in's Haus? Es enthält viel zu schöne Morgen und Abendgebete, und noch außerdem herrliche Betrachtungen über die wichtigsten Materien; welches ich ihr mit Freuden versprach, und gleich den Tag darauf kauf

---

*) Denn er hatte seine erste Frau blos aus Neigung wegen ihrer Schönheit und Herzensgüte geheyrathet; sie hatte ihm aber gar kein Vermögen, und nur eine sehr kleine Aussteuer zugebracht, so daß er sich noch viele Hausgeräthe erst im Ehestand anschaffen mußte.

te, so wie auch Försters Andachten und Gebete
für gutgesinnte Christen zur Privaterbauung in
allerley Fällen und Umständen ihres Lebens.
Weil ich nun gerade auf diese Materie zu sprechen
gekommen bin, so kann ich nicht umhin, Ihnen
eine kürze Erzählung von der Abnahme der Religiosität in unserer Stadt, und sogar unter
den gemeinen Bürgern mitzutheilen. Es hat
mich nemlich fast schon gereuen wollen, daß ich
in gewisse Gesellschaften gegangen bin, von denen ich nun nicht wohl wegbleiben kann, ohne
mich den Spöttereien und schiefen Beurthei-
lungen anderer auszusezen. Denn ich habe Be-
obachtungen gemacht, welche mich sehr kränken,
und die nichts Gutes für diese Nachkommen-
schaft, und für das Wohl unsers Vaterlandes
hoffen lassen; ich habe Reden und Diskourse
mit anhören müssen, vor denen ich erschrak.
Der eine machte sich über die Predigten eines
und des andern unsrer Stadtgeistlichen lustig,
oder nannte sie geradehin ein dummes und un-
sinniges Geschwäz — ein anderer äußerte gar
freygeisterische Grundsäze; ein dritter beschul-
digte seine Lehrer der niedrigsten Heucheley, als
wenn er vollkommen überzeugt wäre, daß sie das,
was sie auf der Kanzel sagten und lehrten, selbst
nicht glauben. Ein vierter kramte alle aufgeraff-

ten Anekdoten über den Charakter dieses und
jenes ihrer Geistlichen aus, ob gleich viele da;
von offenbar das Gepräge der Erdichtung, und
der Verläumdung an sich trugen. Und alle diese
Leute hatten höchstens ein und das andere Buch
gelesen, das sie vermuthlich nicht einmal recht
verstunden, geschweige daß sie den Inhalt des;
selben hätten prüfen, und das Wahre vom Fal;
schen scheiden können. Gott! wo will das hin;
aus? Und was für Folgen müssen aus dieser
Denkungsart entstehen? dachte ich bey mir selbst.
Am meisten ärgerte mich das, daß sie das alles
vor schwachen, einfältigen, und zum Theil noch
sehr gut gesinnten Leuten sagten. Und die schlim;
men Folgen dieser Grundsätze sind auch an ei;
nigen dieser Männer sehr sichtbar; der eine mach;
te sich kein Gewissen aus der Untreue gegen sei;
ne Gattin; ein anderer betrügt und vervortheilt
seine Nebenmenschen ungescheut; ein dritter ist
gewissenlos genug, seinen Arbeitslohn zu ver;
schwenden, und seine Gattin und Kinder zu Hau;
se Noth leiden zu lassen; ein vierter mißhan;
delt dieselben noch durch Schläge u. s. w. Und
die Geringschäzung und Verachtung des öffent;
lichen Gottesdienstes nimmt von Jahr zu Jahr
zu. Selbst die Predigten unsrer besten und wür;
digsten Lehrer werden äußerst sparsam besucht.

Und von denen, die sie noch besuchen, geschieht
es eben zum Theil nicht aus der lautern Absicht,
sich dadurch in ihrem Christenthum zu erbauen,
und in guten Gesinnungen gestärkt zu werden;
sondern blos aus Neugierde, oder um sich durch
Anhörung einer gut abgehandelten Materie ein
Vergnügen zu machen; und von manchem auch
deswegen, um sich in den Ruf eines aufgeklärten Mannes zu sezen, weil er denkt, man werde sagen: „das muß ein gescheider Mann seyn,
weil er gerade nur den und jenen Prediger zu
lieb in die Kirche geht!“ Wenn es nun gemeine Bürger so machen, was wollen wir uns über
die Vornehmen wundern, die sich für weit klü-
ger und gebildeter halten; die es nicht begreifen
können, daß sie aus einer Predigt etwas lernen
können; die bloß um des Wohlstands willen,
und um nicht für Unchristen gehalten zu werden, dann und wann in der Kirche sich sehen
lassen? Mich dauren nur die braven Männer
unter unsern Geistlichen, die sich bey Ausarbei-
tung ihrer Predigten so viele Mühe geben. Aber
freylich scheint es mir auch; sie seyen zu furcht-
sam in Bestrafung dieser irreligiösen Leute —
sie sollten meines Erachtens (denn sie sind ja
dazu da) viel freymütiger reden, und auch die
Vornehmen nicht schonen. Auch das Abendmahl

wird je länger je mehr geringgeschäzt. Ich
weiß wohl, daß es mit dem bloßem äußerlichen
Genuß desselben nicht ausgerichtet ist. Aber es
zeigt doch immer keine Hochachtung gegen den
erhabenen und würdigen Stifter unsrer Religion an, daß man es nicht der Mühe werth hält,
sein Andenken auch öffentlich zum öfter» zu feyern.
Vielen mag wohl jene Hauptabsicht des Stifters
dieses Gedächtnißmahls gar nicht bekannt seyn,
nemlich ihre Gleichheit mit ihren geringern Nebenmenschen bey dieser Gelegenheit an den Tag
zu legen, und sich zur Liebe gegen sie zu stär-
ken. Vielmehr scheint es mit eine Ursache der
Unterlassung ihrer Abendmahlsfeyer zu seyn, daß
sie es in Gemeinschaft mit ihren geringern Brü-
dern genießen sollen. Kein Wunder, daß bey
solcher Denkungsart auch die Hochachtung der
öffentlichen Rel. Lehrer täglich mehr abnimmt.
Wäre das nicht, so würde ich Ihnen fast zureden, ob Sie sich nicht um die wirklich erledig-
te Stelle — — melden wollten. Ich zweifle
fast nicht, Sie würden sie erhalten, und so hätten wir doch wieder einen würdigen Mann mehr
in unsrer Stadt, der der einreissenden Irreligiosität nachdrücklich entgegen arbeitete, und —
was vorzüglich in Betrachtung kommt — gute
Anstalten und Verbesserungen befördern hülfe.

Aber faſt glaube ich, Sie werden durch meine
Erzählung abgeſchrekt worden ſeyn.

Bis über acht Tage werde ich Ihnen den
Tag meiner ehelichen Verbindung melden können. Inzwiſchen laſſen Sie ferner Ihrer Liebe
empfohlen ſeyn

Ihren redlichgeſinnten
H. Klugmann.

Eilftes Kapitel.
Klugmanns Hochzeit-Feyer.

Ich bin ſonſt — ſo gern ich übrigens in Geſellſchaften von Bürgern bin — gar kein Freund
von bürgerlichen Hochzeiten. Denn der Leute
ſind mir da zu viele; man ſchreit über einander
hinein, und kann nicht leicht mit Jemand in
Ruhe einen Diskours führen. Auch iſt unter
den Bürgersleuten das Geſundheittrinken und
das übrige Cärimonienwerk noch ſehr Mode.
Und davon war ich nie ein Freund. Ich bin
am vergnügteſten in einer Geſellſchaft von ſechs
bis zehn Perſonen, wo man einen ordentlichen
Diskours führen kann. Aber Klugmann hätte
es mir viel zu übel genommen, wenn ich auf
ſeine ſo dringende und höfliche Einladung nicht
erſchienen wäre. Außerdem wurde ich auch von

Fröhlich dazu aufgemuntert, welcher es ihm gleich=
falls versprochen hatte, einer der Gäste zu seyn.
Ich fuhr also in Fröhlichs artigen Wägelchen
mit meiner ganzen Familie nach der Stadt, und
zum Glük war es ein sehr schöner Sommertag.
Auf dem Weg — denn wir waren sehr früh
weggefahren, um noch der Hochzeit=Predigt bey=
wohnen zu können — hatte ich das Vergnügen,
mit meinen Kindern die Pracht der Morgen=
röthe, und den majestätischen Aufgang der Son=
ne zu bewundern. Selbst Fröhlich, der sonst die
Gewohnheit hat, immer rükwärts zu schauen,
und sich mit den Personen, die er fährt, zu
unterhalten, wurde ganz still bey diesen herrli=
chen Auftritten; und es gefiel ihm ausnehmend
wohl, als ich mit meiner Frau ein Morgenlied
anstimmte. Ich bin wahrlich! sagte er nach=
her, oft in der Kirche nicht so andächtig gewe=
sen, als in dieser halben Stunde. Wenigstens
hab ich das nicht gefühlt, was ich jezt fühlte.
Es war mir, als ob ich Gott, wie ehemals die
frommen Erzväter, in irgend einer Erscheinung
vor mir sähe, und ein heiliger Schauer mich
ob der nahen Gegenwart Gottes durchdrungen
hätte. Es kommt nur auf uns an, sagte ich,
wie wir uns die Sache vorstellen. Ich wenig=
stens beneide die guten Erzväter nicht um ihre

Erſcheinungen. Denn ich fühle bey jeder Betrachtung der Naturwerke, und bey jeder Natur-
veränderung eben das, was ſie gefühlt hatten;
ich fühle mich auch zu eben den frommen Empfindungen und Geſinnungen hingeriſſen. Beſonders iſt mir ein Gewitter der herrlichſte
Anblik, wobey ich ganz von Andacht und Ehrfurcht und Liebe zu Gott, meinem Schöpfer und
Vater, erfüllet bin. Mich däucht auch, man
könne Gott nirgends deutlicher ſehen, ſo weit
Sterbliche ihn ſehen können, und nirgends ver-
nehmlicher ſprechen hören, als bey und aus einem Gewitter — — —. Unter dergleichen erbaulichen Geſprächen waren wir bey der Stadt,
ehe wir's uns verſahen. — Als wir in Klugmanns Haus kamen, war ſeine Braut ſchon da.
Ich ergözte mich an ihrer Geſichtsbildung, woraus ein ſehr heller Verſtand hervorleuchtete.
Und ich merkte bald aus ihren Reden, daß ich
mich nicht geirret hatte. Auch ihr äuſſerliches
Betragen war ſehr einnehmend. Man merkte
es ihr deutlich an, daß ſie einige Jahre bey einem ſehr vernünftigen und rechtſchaffenen Geiſt-
lichen in Dienſten geſtanden war, aber nicht
als Magd, ſondern gleichſam als Haus- und
Kinds-Jungfer, und ich erfuhr nachher, daß
ſie dieſe Stelle blos aus Gefälligkeit gegen den

Hrn. Prediger, zu dem sie eine Verwandte war, angenommen habe; daher sie auch sehr freundschaftlich war behandelt worden. Ich und Fröhlich genoßen eine Schaale Kaffee. Dann gieng's in Prozeßion in die Kirche. Und da trat zu meinem innigen Vergnügen eben der würdige Mann auf, bey dem Klugmanns Braut bisher gewesen war, und hielt eine sehr schöne und erbauliche Predigt.

Auf den Nachmittag gab's denn zu meiner großen Freude blos eine Gastung (und kein eigentliches Hochzeitmahl, wie sie sonst gehalten zu werden pflegen), und dazu hatte Klugmann, recht als ob er mir's zu gefallen gethan hätte, blos seine und seiner Braut nächste Anverwandte und Freunde, welches fast lauter honette und ordentliche Leute waren, eingeladen. Was mich aber am meisten gefreut hatte, und was einem so schönen Sommertag auch am angemessensten war, das war dieses, daß diese Gastung in keinem Wirthshause in der Stadt, sondern in einem Gasthofe ausserhalb derselben gehalten wurde. Dieser Gasthof war nur eine halbe Stunde von der Stadt entfernt; so durften wir uns nicht so sehr erhizen, und er lag in einer sehr schönen Gegend. Da hatte ich also den Vortheil, nicht an Einem fort sizen

bleiben zu dürfen, sondern konnte je und je in's
Freye gehen. Auch wurden wir nicht mit allzu vielen Speisen überladen; und der Wein war
sehr gut. Ganz ohne Cärimonie, und einigen
mir nicht ganz angenehmen Gesprächen, gieng's
zwar nicht ab; das aber störte mich nicht in
meiner stillen Freude. Konnt' ichs nimmer ansehen und anhören, so gieng ich bald allein,
bald mit den Meinigen, hinaus, und ergözte
mich an den herrlichen Obstgärten, die in der
Höhe lagen, und an den vortrefflich schön ste-
henden Früchten, die in der Tiefe — Akker an
Akker — da stunden, und zur Sichel reif waren — überhaupt aber an der prachtvollen Aus-
sicht, die mir wieder ganz wie neu war, weil
ich schon seit vielen Jahren nicht mehr an diesem Orte gewesen bin. Auch jezt gefiel mir
das Betragen der Braut ausnehmend wohl. Sie
gieng an der ganzen Tafel umher (es waren
der Personen etwa 16. bis 18.), und unterhielt
sich je mit zwey und zwey besonders. Vom Tanzen schien sie keine so große Freundinn zu seyn:
denn sie tanzte sehr wenig, aber recht artig;
Klugmann gar nicht: dagegen unterhielt er sich
mit mir desto mehr. Und so verfloß mir also
dieser Nachmittag und Abend, auf den mir so
bange gewesen war, äußerst vergnügt. Erst

beym Mondschein spazierten wir wieder nach
Hause. Mein Fröhlich, welches ich fast zu melden vergessen hätte, zeichnete sich besonders durch
Munterkeit aus, und brachte oft durch seine
drollichten und wizigen Einfälle die ganze Gesellschaft zum Lachen. Er selbst aber, ob er sich
gleich den Wein hatte belieben lassen, blieb doch
in den Schranken der Mäßigung, und der Wein
hatte blos die Wirkung auf ihn, welche der heilige Dichter angiebt, wenn er sagt, daß er des
Menschen Herz erfreue. Wirklich wäre es ohne
denselben gar zu ernsthaft hergegangen. Der
Mondschein gab mir im Heimgehen abermals
Gelegenheit, mit meinen Gefährten einige erbauliche Worte zu reden. Ich schlief mit den
Meinigen in Klugmanns Hause recht wohl, stand
Tags darauf frühe mit einem leichten Kopfe
auf, genoß noch eine Schaale Kaffee, beschenkte
die Braut, oder vielmehr, die neuen Eheleute,
und dann schieden wir, nicht ohne große Rührung, von einander, nachdem mir Klugmann
hatte versprechen müssen, mich mit seiner ganzen Familie nächstens zu besuchen.

Zwölftes Kapitel.

Verdientes Lob der Frau Klugm. Klugmanns Urtheil
über unsre neuern Erbauungs-Schriften. Er
wählt für seine Kinder einen Privat-
Informator.

***

Mein Hochzuschäzender
Hr. Pfarrer!

Ich bezeuge ihnen nochmals, auch im Namen
meines lieben Weibchens, meinen verbindlichsten
Dank für das große Vergnügen, das Sie mir
an meinem Hochzeittag durch Ihre schäzbare Gegenwart gemacht haben, und auch für das —
nur allzugroße — Hochzeitgeschenk. Gott lasse
es Ihnen und den lieben Ihrigen stets so wohl
gehen, wie Sie es verdienen! Sie werden nun
wohl begierig seyn, zu erfahren, wie ich mit
meiner Wilhelmine lebe. Und, o wie lieb ist
es mir, daß ich Ihnen mit Grunde der Wahrheit schreiben kann — vergnügt, recht sehr vergnügt. Ich hatte sie vorhin mehr von der Seite ihres Verstandes kennen gelernt; aber nun
wird sie mir auch von der Seite ihres guten
Herzens täglich theurer und schäzbarer. Sie
begegnet mir auf das liebreichste, und was mich
am meisten freuet, sie bezeigt sich gegen meine

Kinder wie eine leibliche Mutter. Beyde bekamen einen ausgeschlagenen (bösen) Kopf; da
glaubte ich, sie würde ekel seyn, und mir war
bange, wer die Kinder reinigen werde. Aber
wie wunderte ich mich, da sie alle Tage ein
raarmal an sie gieng, und sie reinigte. Auch
durch ihre Ordnungsliebe und Reinlichkeit, die
sich auf alle Geräthschäften erstrekt, hat sie sich
mir empfohlen; in welchem Stüke sie meine
erste Gattin weit übertrifft. Zu Hause hat sie
mich sehr gern — das ist wahr; und da ich lezthin einige Tage hinter einander des Abends in's
Wirthshaus gieng, wollte sich ihre Freundlichkeit verdunkeln. Aber ich muß ihr auch das
Zeugniß geben, daß sie mich, was man bey
wenigen Frauen antrifft, — immer auf eine
angenehme Art zu unterhalten weiß. Wie unbillig wäre es also, wenn ich mich hierin nicht
nach ihrem Wunsche bequemen wollte! Und so
sehen Sie also, wie glüklich ich durch sie geworden bin. Doch — jezt kommt erst noch ein
Hauptumstand. Sie hat auch aus mir einen
weit eifrigern Christen gemacht, als ich vorher
war. Es ist wahr — ich las aus meinem Stark
mehrentheils meinen Morgen- und Abendseegen
— aber ich fühlte nie dabey eine sonderliche
Rührung, zumal da mir nach und nach die Ge-

bete so geläufig wurden, daß ich sie auswendig
wußte. Ja, zulezt dachte ich bey mir selbst:
„Wie kann man doch aus dem Gebet so viel
machen? „Wie kann man es doch als eine so
wichtige, angenehme und heilsame Beschäftigung
erklären? „Wie kann man ihm doch eine so
große Kraft und so seelige Wirkungen zuschrei-
ben?" Denn von dem allen fühlte ich Nichts
— wenigstens nicht in hohem Grade. Aber
jezt — o Dank sey meiner lieben Wilhelmine
dafür! — jezt bete ich erst mit Vergnügen;
jezt erst mit wahrer Andacht; jezt erst fühle ich
das Angenehme, das Erquikende, und die Kraft,
welche mit dem Beten verbunden sind. Denn
Zollikofer und Förster sind es, aus deren Erbauungsbüchern wir wechselsweise beten. Mehrentheils überlasse ich das Vorlesen meiner Frau;
denn sie hat einen sehr guten Ton, und eine
recht liebliche Aussprache. Auch habe ich mir
Rosenmüllers Predigten und Sturms Morgen-
Andachten angeschafft. Gott! was ist für ein him-
melweiter Unterschied zwischen diesen und unsern
alten Erbauungsbüchern! Wie herrschen in den
ersten so reine und richtige Begriffe von Gott und
göttlichen Wahrheiten! Welch eine herzliche, rüh-
rende Sprache! Welche Klarheit und Deutlichkeit!
Wie wichtig ist der Inhalt! Wie anwendbar alles

auf unſre Geſinnungen, und auf unſer Leben!
Wie wird da ſo deutlich gezeigt, wie wir uns
in unſerm Beruf, in unſerm Umgang mit unſern Angehörigen und andern Menſchen, im
Glük und Unglük u. ſ. w. zu verhalten haben.
Und o mit ganz andern Augen lernen ſie uns
die Natur, und Gottes herrliche Werke anſehen.
Doch ich bin nicht im Stande, alle Vorzüge unſer
neuen Erbauungsbücher anzugeben. Das aber
darf ich, ohne mich zu rühmen, ſagen, daß ſie
bereits den vortheilhafteſten Einfluß auf mein
Herz und auf mein Verhalten gemacht haben.
Ich war vorher eben kein ſchlimmer Mann;
aber ich war lange nicht der gute rechtſchaffene
Mann, wie es der Chriſt ſeyn und werden kann
und ſoll, und wie ich mich täglich mehr zu werden befleißigen will. O Schade, daß dieſe
Schriften noch in ſo wenigen Familien angetroffen werden; Schade, daß ihr großer Werth
noch von ſo vielen nicht erkannt wird, ja daß
viele, freylich ohne zu wiſſen warum? dagegen
eingenommen ſind. Und es wundert mich ſehr,
daß ſie nicht von unſern Predigern auf öffentlicher Kanzel, oder bey ihren Krankenbeſuchen,
und im Umgang mit andern empfohlen werden.
Auch zur Anſchaffung der Geſchichte Jeſu von
Heß hat mich meine Frau ermuntert. Nur dieß

einzige Buch noch, sagte sie mit sanfter freundlicher Stimme, dann will ich dir, mein Lieber,
sobald nichts zumuthen. Und o! wie froh bin
ich, daß ich dieses herrliche Buch gekauft habe!
Schon bin ich halb damit fertig: jezt erst ist
mir die Bibel, und besonders das Leben Jesu
in den Evangelisten wichtig und theuer, da ich
vorhin gar nicht in der Bibel las, weil ich doch
das mehreste nicht verstund, (woran wohl die
Uebersezung Schuld seyn mag, wiewohl es Luther
so gut machte, als es damals möglich war).
Habe ich nun nicht Ursache genug, meine Wilhelmine recht sehr zu lieben? — Nun finde ich
aber auch nicht nur nicht das geringste Vergnügen mehr an den Gesellschaften in dem Wirthshaus, wo jene aufgeklärt seyn wollende Bürger
alle Abende zusammen kommen, sondern ich fühle einen wahren Widerwillen dagegen. Lezthin
fragten mich zween von ihnen nach der Ursache
meines Aussenbleibens. Und ich antwortete:
theils tauge mir das braune Bier nicht, wenn
ich keine Bewegung drauf habe, theils kann ich
nicht bergen, daß mir die unanständigen Gespräche über die Religion sehr mißfallen. Sie
machten zwar hierüber eine spöttische Miene;
aber mögen sie spotten, und über mich sagen
was sie wollen. Bey ihnen kann ichs nimmer

aushalten. Uebrigens gehe ich an den Jahrs=
zeiten, und sonst noch an einigen feyerlichen
Tagen in eine Gesellschaft, welche mehr nach
meinem Sinne ist, um doch zu erfahren, was
hin und wieder passirt, und nicht in den Ruf
eines Sonderlings zu kommen. Noch muß ich
Ihnen erzählen, wie ich vor acht Tagen auf den
Entschluß kam, für meine zwey Buben einen
Privatinformator (den Studiosus * * * der Ihr
weitläufiger Vetter ist) zu wählen. Erstlich fie=
len mir die artigen Büchlein ein, die ich seit
einigen Monaten zum Einbinden erhielt, welche
theils für die Jugend, theils für die Lehrer
derselben bestimmt sind, und das Wenige, was
ich darin lesen konnte, gefiel mir ausnehmend
wohl. Solche Dinge, sagt' ich bey mir selbst,
sollten deine Buben billig auch gelehrt werden.
Und da ich als Zunftmeister manche Geschäfte
habe, die ich vorhin nicht hatte, auch mich nicht
für geschikt genug hielt, jene Bücher mit mei=
nen Kindern selbst zu traktiren, auch die An=
schaffung derselben mir zu kostbar fallen würde:
so dachte ich, das Beste werde seyn, wenn ich
ihnen einen eigenen Informator halte. Und der
würdige Geistliche, der mir meine Hochzeitpre=
digt hielt, empfahl mir Ihren Vetter, über des=
sen Lehrart und Charakter ich noch einige Wor=

te beyfügen will. Das, was er meine Kinder
lehrt, sind lauter nüzliche Sachen — z. E. aus
der Geographie, aus der Naturgeschichte, angenehme und lehrreiche Erzählungen. Nur scheint
es mir, wenn er sie darüber examinirt, sollte
er sich mehr zu ihren Fähigkeiten herablassen.
Auch hat die Art, wie er mit ihnen spricht,
nach meiner Einsicht, zu wenig Einschmeicheln-
des, und ist zu troken und ernsthaft. Er sollte
sich z. E. stellen, als ob er dieß und jenes selbst
nicht wüßte — das würde die Kinder recht zum
Nachdenken reizen und sie dann sehr freuen,
wenn sie es getroffen hätten u. s. w. Was seinen moralischen Charakter anlangt, so ist derselbe, wie ich höre, untadelhaft; auch gefiel er
mir nach gewissen Aeußerungen sehr wohl, als
er manchmal zu mir kam, und Bücher von Ihnen oder auch von Sich zum Einbinden brachte.
Aber seine Sitten sind nicht so, wie man es
heut zu Tage erwartet. Er ist auch zu unkulti-
virt, und zu unbelebt und etwas steif, und man
merkt ihm an, daß es ihm an einer guten Erziehung gefehlt hat. Doch im Ganzen habe ich
immer Ursache genug, mit ihm zufrieden zu seyn.
Und ich schreibe Ihnen dieß blos deswegen,
weil er dieser Tagen sagte, daß er Sie nächstens wieder besuchen werde. Dann sind Sie

schon so gütig und geben ihm, nach Ihrer herrlichen Gabe, einige Winke, wie er sich zu ver-
vollkommnen habe, um ein immer besserer und
nüzlicherer Jugendlehrer zu werden. Ich und
meine liebe Gattin empfehlen uns Ihrem fer-
nern geneigten Andenken aufs beste rc. rc.

H. Klugmann.

Dreyzehntes Kapitel.

Meine Antwort auf diesen und einen vorhergehen-
den Brief.

Mein lieber Freund!

Es ist einmal Zeit, daß ich Ihm auf das
Wichtigste Seiner zwey lezten Briefe antworte,
und dessen ist so viel, daß Er dießmal wohl einen langen Brief erhalten wird. Zuvörderst muß
ich Ihm noch einmal die Wahrheit ins Gedächtniß rufen, worüber ich mich einmal, da
Er bey sehr übler Laune war, mündlich mit
Ihm besprochen habe: daß nemlich die Vorsehung für jeden, auch den Aermsten und Geringsten, so viel Freuden bereitet habe, als er
nach seinen Geistesbedürfnissen nöthig hat, und
so viel Glüksvorfälle in sein Leben gleichsam

vertheilt habe, als ihm zu seinem wahren Wohl
zuträglich ist, und als das Wohl des ganzen
Menschengeschlechts es erlaubt. Und diese Wahrheit, denke ich, bestätiget sich auch an Ihm alle Tage mehr, je mehr Er nemlich auf die
mancherley Quellen, woraus Er Freude schöpfen kann, aufmerksam ist, und je mehr Er
sich zum Besiz und Genuß gewisser zeitlicher
Vortheile und Vorzüge durch Einsicht, Klugheit
und Rechtschaffenheit fähig macht. Er ist z. E.
ohne alle Sein Ansuchen Zunftvorgesezter
geworden. Macht Ihm das nicht Freude, weil
es ein Beweis ist, daß Er sich durch Einsicht
und Rechtschaffenheit den Weg dazu gebahnt
hat? Gott hat Ihm ferner wieder eine Gattin
zugeführt, durch welche Ihm, wie ich denke,
der Verlust der erstern vollkommen ersezt ist.
Und wie viel frohe Stunden wird er in ihrem
Umgange genießen, da sie so verständig, und so
religiös ist; (Ihre Aeußerung über Seinen Mangel an guten Erbauungsbüchern ꝛc. hat mich in
Erstaunen gesezt). Und, o welche Nahrung für
Verstand und Herz, welche Freuden des Gei-
stes wird Ihm das Lesen der gedachten Schriften verschaffen! Endlich werden Ihm auch Seine Kinder immer mehr Freude machen, da
sie so gut unterrichtet werden. Denn ich muß

gestehen — ohne für meinen Vetter eingenommen
zu seyn — daß Er alle Ursache hat, mit ihm zufrieden zu seyn. So gar genau müssen wir's
nicht nehmen. Doch werde ich ihm gewiß, so
bald er mich besucht, eines und das andere sagen, was ihn zu einem noch bessern Jugendlehrer machen kann, und wie nöthig es in unsern
Tagen seye, sich auch durch eine gute Lebensart und feine Sitten auszuzeichnen, ohne welche ein junger Mann auch bey den besten und
gründlichsten Kenntnissen sein Glük nie recht machen wird.

Und nun nehme Er, mein Lieber, das Alles
zusammen: wird Er nicht Ursache haben, mit
Seinem Loos zufrieden zu seyn? Eben dergleichen Vorstellungen machte ich dieser Tage auch
unserm Fröhlich; und er konnte nicht anders,
er mußte mir Recht geben. Er sagte am Ende
auch selbst: „Ja, mein lieber Hr. Pfarrer, es
wäre wirklich Sünde, wenn ich in meinen jezigen Umständen klagen und murren wollte; wenn
ich nicht vielmehr vollkommen zufrieden wäre,
und mit gerührten und dankvollen Herzen spräche: Der Herr hat Großes an mir gethan, deß
bin ich fröhlich! Und: Herr, ich bin zu gering
aller der Treue ꝛc. ꝛc. Und: was bin ich, Herr,
und was ist mein Haus, daß du uns bis hieher

gebracht, und uns so reichlich gesegnet hast?"
— Doch, es ist Zeit, daß ich auf die eigentli-
che Beantwortung Seiner Briefe komme.

Seine Erzählung von der Abnahme der Religiosität — selbst unter den gemeinen Bürgern,
hat mich in Erstaunen gesezt — besonders ihre unanständigen und dreisten Aeußerungen im
Wirthshause. Ich habe wohl sonst schon gehört, daß die Bürger nicht mehr so religiös
seyen, wie vor Zeiten; aber so groß habe ich
mir den Verfall der Religiosität nicht vorgestellt.
Inzwischen ist er mir doch erklärlich. Auf der
einen Seite unkluge Lobsprüche einiger Studenten und Kandidaten über unsre aufgeklärten
Zeiten; unvorsichtiger Tadel alles dessen, was
alt ist; übertriebene Lobsprüche auf unsre neuen
Schriften ohne Einschränkung — unvorsichtige
und allzufreye Religionsgespräche — in Gegenwart der Bürger, die dann nach solchen Schriften lüstern werden, ohne sie zu verstehen, und
also mehr Gift als Honig daraus saugen, und
denen es gar nicht darum zu thun ist, ihre Re-
ligionskenntnisse zu berichtigen ꝛc. ꝛc. sondern mit
ihren bessern Einsichten in Gesellschaften groß
zu thun.

Auf der andern Seite das böse Beyspiel des
sittenlosen Betragens der Kriegsvölker, die seit

einigen Jahren sich in der Stadt aufhielten —
und die stets mehr überhand nehmende wollü-
stige und allzufreye Lebensart, bey der man anfänglich wünscht, daß die Religion ein bloßes
Schrekmittel für den einfältigen Pöbel seyn
möchte, und es zulezt selbst glaubt.

Endlich — um aufrichtig zu seyn — die lange Zögerung mit Verbesserung des öffentlichen
Gottesdienstes. Denn heutzutage ist es gewiß
höchstnöthig, dem Bürger allen Vorwand zu be-
nehmen, der ihn vom Kirchengehen abhält. —

Dieß, mein lieber Freund, sind, nach meiner
Einsicht, die Ursachen der in der Stadt immer
mehr überhand nehmenden Irreligiosität, welcher
zu steuren wir theils der Vorsehung, theils unsern Obern, und unserm Konsistorium, nebst den
übrigen Geistlichen, worunter ja sehr verdiente
und würdige Männer sind, überlassen wollen.
Ich wenigstens gebe meine Hofnung noch nicht
auf, daß am Ende auch aus diesem Uebel etwas Gutes hervorkommen werde. Gäbe es,
zum Exempel, nur mehrere Bürger, die, wie Er,
sich gute Religions- und Erbauungs-Schriften
anschafften, so würde es in Zeit von zehen Jahren gewiß besser aussehen. O Freund, ich kann
Ihm nicht sagen, welches unbeschreibliche Vergnügen mir Sein Urtheil über diese Schriften

gemacht hat! Und es iſt mir daſſelbe ein deutlicher Beweis, daß Er ſie ſo ſcházt, wie ſie es
verdienen. O wohl Ihm, wenn Er ſie auch
ferner ſo benuzt, wie Er angefangen hat. Seine religiöſere Denkungs- und Handlungsart wird
für Ihn gewiß eine Quelle der reinſten und ſüſ-
ſeſten Freuden werden.

Vielleicht überraſche ich Ihn einmal unver-
ſehens bey Seiner Morgen-Andacht: denn ich
höre nichts liebers, als eine gute Vorleſerin.
Aber erſt will ich Seinen Beſuch abwarten,
und ich denke, daß dieß jezt, da es in der Stadt
eine Feyerlichkeit giebt, welche mehrere Tage
dauert, gar wohl angienge. Aber vom Anhalten in der Stadt ſage Er mir doch nichts mehr.
Geſezt auch, daß der Verfall der Religion nicht
ſo groß wäre, als er wirklich iſt: ſo bin ich
doch überzeugt, daß ich hier auf meinem Dorfe
weit mehr Nuzzen ſtiften kann, als in der Stadt,
wo der Prediger den Charakter der Vornehmen
und Gemeinen zwar im Allgemeinen, aber
nie genau kennen lernt, alſo auch ſeine Predigten unmöglich zur allgemeinen Erbauung
einrichten kann.

Hier aber weiß ich genau, was ich für Leute
vor mir habe, und kann mich alſo darnach in
meinen Belehrungen, Warnungen, Beſtrafun-

gen, Ermahnungen und Tröstungen genau richten.

Sodann wäre es mir viel zu empfindlich,
wenn ich meine sorgfältig ausgearbeiteten Predigten vor einer Hand voll Zuhörern ablegen
müßte. Auch meine übrigen Umstände erlaubten es mir nicht, in der Stadt zu leben: denn
auch bey aller Einschränkung würde ich mit meiner großen Familie mich nicht mit Ehren durchschlagen können, da Alles so theuer ist, und
man doch um des Wohlstandes willen manches
haben, und thun muß, das Geld kostet, und
das sich auf dem Lande füglich entbehren läßt.
Und wie wollt' ich, da ich keinen Flachs anbauen könnte, für meine Töchter eine Aussteuer,
und gegenwärtig Zeuche zu ihrer Kleidung zusammen bringen? Endlich möchte ich auch bey
meiner etwas schwächlichen Natur ein ruhiges
Alter haben. In der Stadt aber, wenn man
so glüklich ist, einen großen Beichtstuhl zu bekommen, vermehren sich die Arbeiten von Jahr
zu Jahr. Zu einem Professor habe ich nicht
genug Kenntnisse; und so würde also auch mein
Einkommen jährlich um hundert Thaler gerin-
ger seyn.

Zur Verbesserung gewisser fehlerhaften Anstalten, oder zur Errichtung neuer Anstalten —

und namentlich zur Verbesserung des öffentlichen Gottesdienstes und der Schulen könnte ich als lezter Geistlicher ohnehin nichts beytragen. Und wenn durch den Eifer der würdigen Männer, die in der Stadt als Geistliche angestellt sind, unter denen ich Einige genau kenne, der Irreligiosität nicht gesteuret wird, so würde auch durch mich, einem so geringen Manne, nichts gebessert werden. Lebe Er recht wohl und gesund. Gott bevestige je länger, je mehr das schöne Band Seiner ehelichen Liebe. Grüße Er mir Seine würdige Frau recht herzlich. Ich erwarte Ihn bald mit ihr und Seinen Kindern—
Sein

wahrer Freund
K. Baumann, Pf.

Vierzehentes Kapitel.

Merkwürdige Vorfälle in meinem Dorfe; und wie Fröhlich einigen Reichen ein gutes Beyspiel giebt.

Ich hatte es endlich durch öftere bewegliche Bitten und Ermahnungen so weit gebracht, daß mehrere Leute meines Dorfs, wenn sie oder ihre Angehörigen krank wurden, nicht mehr bey unverständigen und betrügerischen Leuten, son-

dern theils bey einem sehr geschikten Wundarzt,
theils bey einem ordentlichen Arzt Hülfe suchten. Jezt aber kam die Hizkrankheit in's Dorf,
und mehrere, zum Theil sehr arme Personen
wurden damit befallen. Ich hatte zwar schon
lange im Sinn, eine besondere monatliche Kollekte zu veranstalten, und von dem eingesammel-
ten Geld eine Kasse für arme Kranke zu errichten. Meine Leute hatten mich aber unrecht ver-
standen, und geglaubt, ich wolle ihnen dadurch
eine neue Last auflegen, da sie doch der Abgaben an die Obrigkeit schon mehr als zu viele
zu entrichten hätten. Endlich erklärte ich mich
ganz deutlich: „Wenn auch Unbemittelte nur einen Kreuzer jedesmal beysteuerten, die Bemittel-
ten aber einen Groschen: so sey das schon hinläng-
lich." Nun waren sie alle dazu bereit. Aber
jezt hatte ich erst wenige Gulden beysammen,
und doch hätte ich den guten armen Kranken so
gar gerne Arzt und Arzeney unentgeldlich verschafft. Was war nun hiebey zu thun? Um
eine stärkere Kollekte zu ersuchen, hatte ich nicht
das Herz. Endlich dachte ich: vielleicht wirkt
dießmal das gute Beyspiel etwas. Da ich
nun auf unsern Fröhlich, nebst drey bis vier
Andern, mit Gewißheit rechnen konnte, so ließ
ich den erstern zu mir kommen, und trug ihm

meine Gedanken vor, mit der Bitte, jenen Andern, wenn er, wie ich nicht zweifle, hier ein Werk der Liebe verrichten wollte, auch davon zu sagen. Es müßte aber schlechterdings aus bloßem freyen Willen geschehen. Daher er von mir nichts erwähnen, sondern sagen sollte, er sey von selbst auf diesen Gedanken gekommen; und dann müßte es Jedem überlassen werden, wie viel er thun wollte. Fröhlich war mit Freuden hierzu bereit, und er war auch so glüklich, zehen Andere zu einer milden Beysteuer zu bewegen. Er beschied nun diejenigen, die er hierzu in einigen Tagen aufgemuntert hatte, auf einen gewißen Tag in sein Haus, machte den Anfang, und holte aus seinem Schrank 2. Laubthaler hervor. Ein Paar machtens ihm nach, und die Andern gaben theils einen Reichsthaler, theils zwey Gulden; und so brachte er in allem 29. Gulden zusammen. Diese, sagte er, bringe ich nun unserm Hrn. Pfarrer, und ein Paar von Euch gehen mit mir. O was der für eine Freude darüber haben wird! Und mit dieser hübschen Summe kann er dann den armen Kranken nicht nur Arzeney und einen Arzt verschaffen, sondern auch die Genesenden mit Erquikungsmitteln versehen. Es war auch für mich ein wahres Fest, als mir die drey Männer das

Geld brachten. Und ich gab ihnen nicht nur auf meiner Stube das gebührende Lob, sondern that auch am nächsten Sonntag dieses, ihnen Ehre machenden, Umstandes Erwähnung. Da ich mich nun unter andern der Worte bediente: „wie jene Armen durch diese reichlichen Geschenke zu Thränen der Freude würden gerührt werden; wie sie ihre Wohlthäter seegnen, und ihrer in ihrem täglichen Gebet eingedenk seyn würden: so kamen fast allen Leuten die Thränen in die Augen, und ich erhielt Montags darauf durch meinen Schulmeister noch eilf Gulden. Auch dafür dankte ich am folgenden Sonntag öffentlich.

O wie viel Gutes, dacht' ich da bey mir selbst, könnte in der Welt, besonders auch durch uns Landgeistliche, gestiftet werden, wenn wir nur immer Gefühl genug für die Noth unsrer armen Gemeindeglieder, und guten Willen hätten. Auch jene Anstalt (das monatliche Almosen) hat nun seinen guten Fortgang; und einige gaben drey, andere vier, noch andere sechs Kreuzer; Fröhlich einen Zwölfer. O wie oft habe ich Gott schon im Stillen dafür gedankt, daß er mir so was in den Sinn, und zu meiner Bitte seinen Seegen gab. — Als die Kranken von der Gutthätigkeit jener edlen Menschen be-

nachrichtiget wurden, geriethen sie in das größte
Erstaunen, und Thränen der Freude erstikten
ihren mündlichen Dank. Die mehresten von ihnen wurden auch wirklich gerettet. Und so war
diese gefährliche Krankheit in Zeit von sechs
Wochen aus meinem Dorfe verschwunden. Aber
es ereigneten sich noch ein Paar Vorfälle, bey
denen unser rechtschaffener Fröhlich seine edle
christliche Denkungsart zeigte, und auch da den
Uebrigen mit seinem guten Beyspiel vorangieng.

Wir hatten nemlich vor 8. Tagen einen sehr
angstvollen Tag. Ein fürchterliches Gewitter
zog sich über unsere Gegend hin — und die
lichtgrauen Wolken erschrekten uns nicht wenig.
Endlich brach's mit voller Gewalt aus, und es
fielen Steine, wie Hühnereyer. Gott! wie da
Jedermann bangte, und auch der Fromme seinen Muth beynahe sinken ließ! Zum Glük
schikte Gott einen starken Wind, der die Ge-
witterwolken schnell verjagte, und aus einander
trieb. Voller Furcht giengen nun Alte und Junge aufs Feld — und da zeigte sich's dann, daß
der Schaden so groß nicht war, als man geglaubt hatte; aber zu allem Unglük hatte der
Hagel gerade die Aeker einiger sehr armen Söldner betroffen. Das war nun für unsern Fröhlich

genug, um auch hier nach Vermögen zu helfen.
Er schikte bey Nacht Jedem der Unglüklichen so
viel Saamen, daß auf die verwüsteten Aeker Etwas Neues angesäet werden konnte, ließ aber
ausdrüklich sagen: sie sollten das, was er thue,
und was ja nur, wie er sich ausdrükte, eine
Kleinigkeit seye, Niemanden entdeken. Aber die
Leute waren zu sehr von seiner Großmuth gerührt, als daß sie ganz hätten schweigen können. Und so entschlossen sich dann noch einige,
ihnen unter die Arme zu greifen. Mag es immer seyn, daß bey einem und dem andern etwas Ruhmsucht mit gewirkt haben mag. Ich
denke, wir sollten das bey'm gemeinen Mann
nicht so genau nehmen. Und wollten wir Auf-
geklärtere alle unsere Handlungen unpartheyisch
nach ihrer Quelle prüfen: o gewiß, wir würden tausendmal finden, daß Eitelkeit einen großen
Antheil daran gehabt. Ich will sogar auch unsern wahrhaft christlich gesinnten Fröhlich nicht
ganz hievon freysprechen. Aber — o würden
wir nur alle so handeln, wie er, wie gut würde es auf dieser Welt zu wohnen seyn! wie viel
Thränen würden abgetroknet; wie vieler Noth
abgeholfen; wie manchem Kummer gewehrt; wie
manche Freude in die Herzen unsrer armen Brüder ausgegossen werden!

122

Uebrigens kann ich hier nicht umhin, den
Wunsch beyzufügen, daß auf allen Dörfern eine besondere Kasse für diejenigen errichtet werden möchte, die durch Hagelschlag, oder durch
Feuer, oder durch Ueberschwemmungen unglüklich werden.

Endlich trug es sich auch dieser Tagen zu,
daß einer armen Wittwe ihre einzige Kuh, von
der sie lebte, krank wurde, und zu Grunde gieng.
Ohne sich lange zu besinnen, schikte ihr unser
Fröhlich eine andere aus seinem Stalle zu. Wie
sollte Gott einen solchen Mann nicht seegnen?

Fünfzehentes Kapitel.

Besuch des Privatlehrers der Klugmann'schen Kinder bey
mir — und meine Unterredung mit ihm über
seine künftige Bestimmung.

Es ist mir allemal angenehm, wenn ich von
einem Kandidaten oder Studiosus aus der Stadt
einen Besuch bekomme. Denn ich erfahre da so
manches, das mich sehr interessirt, besonders in
Absicht auf die Liebe zur Litteratur: ob sie unter ihnen ab- oder zunimmt; welche Wissenschaften am meisten getrieben werden; ob man
auf Verbesserung des Gymnasiums und der

Schulen, und auf die Verbesserung des öffentlichen Gottesdienstes bedacht sey u. f. w. Also
war mir auch die Ankunft meines Vetters des
Studiofus *** sehr angenehm; denn er konnte
wirklich alle meine Fragen nach meinem Wunsche beantworten. Aber freylich sagte er mir
da manches, was mich nicht freute, oder was
mich sehr befremdete. — Z. E. Daß die Ver-
wandlung der untern Klassen in Bürgerschulen
sehr große Hindernisse und Schwierigkeiten finde; daß die Anzahl der Studenten, von welchen man im eigentlichen Verstand sagen könne,
daß sie studiren, sehr klein seye; daß das Studium der Griechen und Römer sehr abnehme;
daß vielmehr die Mehresten nach dem nothdürf-
tigen Besuch ihrer Kollegien, und nach vollen-
deten Lehrstunden blos ausruhen, oder auf ein
Glas Bier gehen, und zwar, (welches man ihnen nicht übel nehmen könnte) nicht nur dann
und wann, sondern täglich; daß bey vielen ihr
sogenanntes Studiren blos in Lesung einer gelehrten Zeitung, einiger Journale, und die Einbildungskraft erhitzenden, aber das Herz verder-
benden Romane bestehe u. f. w.

Als er ein Paar Stunden ausgeruhet, und
sich durch Speise und Trank erquikt hatte, zeigte ich ihm meine Wurzgärten, meinen Obstgar-

ten, meine Krautländer und Aeker, worüber er
eine große Freude bezeigte; aber je und je mit
einem Ach! mich unterbrach! Ach — wenn ich
nur auch schon so glüklich wäre, auf dem Lande zu leben, und mein Brod da zu haben! Aber
ach! wie lang wird dieß noch anstehen? Und was
habe ich für Aussichten? (denn seine Eltern sind
arm und von geringem Stand, und er empfiehlt
sich eben nicht durch solche Eigenschaften, wie
man sie heut zu Tag erwartet, z. E. durch ein
feines Aeußerliches rc. noch viel weniger wä=' es
ihm möglich, sich durch niederträchtige Schmeicheleyen, oder durch Verkleinerung und Verläumdung seiner Kommilitonen bey den Profes-
soren und den andern Vorgesezten in Gunst zu
sezen). Und nun fieng er an, mir seine traurige Lage zu schildern, wie er z. E. in seinem
Hause kaum ein Pläzchen habe, wo er bisweilen lesen und schreiben könne; wie er alle Tage
drey, vier Kollegien besuchen, und sieben Stunden Information geben müsse, und dann erst
für sich etwas studiren könne, wie er aber wegen Mangel an Motion rc. rc. schon jezt zum
öftern unpäßlich seye u. s. w. *). Ich bedauerte

*) Man möchte sagen: „Dergleichen arme Jünglinge,
die sich blos auf Stipendien verlassen müssen, und

sein Schiksal mit herzlicher Rührung, und so
entstand denn zwischen ihm und mir folgende
Unterredung.

Ich. Wie lange sind Sie schon Studiosus?

Stud. Vier Jahre!

Ich. Und wie lange kann es nun noch anste‐
hen, bis Sie eine Universität beziehen können?

gar nichts von eigenem Vermögen zusezen können,
sollte man (da sie sich oft in Schulden zu stürzen
genöthiget sehen) gar nicht studiren lassen!" Al‐
lein in dem Lande, wo dieser Jüngling lebt, geht
das nicht an. Würden nicht vieler armer und ge‐
ringer Leute Söhne sich dem Studium der Theo‐
logie widmen, so könnte man die vielen Pfarrstel‐
len auf dem Lande unmöglich besezen. Denn we‐
der ein Kaufmannssohn noch sonst eines bemittel‐
ten Mannes Sohn studirt die Theologie. Ueber‐
dieß sind ja die Stipendien auf lauter Bürgers‐
söhne gemacht — ob sie reich oder arm sind —
das kommt hier nicht in Anschlag. Und dem Schul‐
denmachen könnte man leicht abhelfen, man dürfte
nur auf eines jeden besondere Umstände Rüksicht neh‐
men, und jedem so viel Stipendien geben, daß er aus‐
kommen kann. Lieber gebe man einem andern, der
von eigenem Vermögen etwas zusezen kann, weniger.
Aber — so ists oft gerade umgekehrt! Hinc illae
lacrymae! Und dieses gezwungene Schuldenmachen
muß dann ein solcher Mann noch lange in seinem
Ehestande büßen! Das ist ja traurig!

Stud. Sechs bis acht Jahre!

Ich. Ey! das ist schreklich! Sie sind jezt ein
Jüngling von 20. Jahren, also im achtund-
zwanzigsten Jahr, wo in andern Ländern die
mehresten ein Amt bekommen, müssen Sie
erst, daß ich so rede, als ein Gesell auf die
Wanderschaft gehen. Und wie wird sich in
diesen sechs oder acht Jahren Ihr Feuer,
vielleicht gar Ihr Muth und Ihre Freude am
Studiren verlieren — durch die allzuvielen
Informationsgeschäfte!

Stud. Alles wahr! Leider, sehr wahr! und
durch viele Erfahrungen bestätiget!

Ich. Da wünsche ich Ihnen von Herzen Geduld!

Stud. Die werd ich sehr nöthig haben.

Ich. Und worauf geht denn Ihre Neigung?
Vermuthlich auch auf die Theologie?

Stud. Nein! gerade darauf gienge sie nicht;
will ich aber genug Stipendien bekommen (d. h.
so viel als ich, an Armuth gewöhnt, doch nothwendig brauche,) so bin ich genöthiget,
Theologie zu studiren. Denn auf Theologen
haben unsre Voreltern die mehresten Stipendien vermacht.

Ich. Und worauf gienge dann Ihre Neigung?

Stud. Auf die Medizin.

Ich. Und warum wollen Sie nicht nach Neigung handeln?

Stud. Weil es nur sehr wenige Stipendien für Mediziner giebt, wiewohl unsre Obern einem Armen, der Medizin studirt, noch ein Paar andere Stipendia dazu geben. Aber da könnte sich just der Fall ereignen, daß, wenn ich auf die Universität gehen wollte, gerade schon zwey andere Mediziner noch draußen sind. Und dann — wer wollte und könnte mir was geben.

Ich. Das ist aber doch traurig, wenn Sie gegen Ihre Neigung studiren sollen. Hätten Sie nicht Lust, ein Schulmann zu werden?

Stud. Allerdings. Aber da muß ich doch Theologie daneben studiren. Denn der Lehrstellen in der Stadt sind bekanntlich weniger. Ist nun, wenn ich von der Universität zurückkomme, keine los, und wird keine los, so muß ich als Theolog dienen!

Ich. Das ist nun freylich wahr! Und bey Ihnen ist auf diese Art guter Rath sehr theuer!

Stud. Das ist eben das Schlimmste.

Ich. Vielleicht gäbe es für Sie, so weit ich Sie kenne, doch noch einen Ausweg.

Stud. Darauf bin ich sehr begierig.

Ich. Ich will reden, wie mir's um's Herz ist.
Aber Sie müssen mirs nicht übel nehmen.
Doch vorher noch eine andere Frage!

Stud. Ich werde nichts übel nehmen, und auf
Ihre Frage aufrichtig antworten.

Ich: Ist es Ihnen blos darum zu thun, in
der Welt Nuzen zu stiften? Oder ist ein gewisses Ehrgefühl für einen höhern Stand
schon bey Ihnen rege?

Stud. Nichts weniger als das leztere. Wenn
ich nur Brod habe, und zufrieden leben kann,
und Nuzen zu stiften hoffen darf.

Ich. Nun, so wage ich es, Ihnen einen Vorschlag zu machen, den man bisher noch wenigen Studiosis gemacht hat, und den man
doch vielen machen sollte.

Stud. Ich bin nun fast begierig darauf.

Ich. Könnten Sie sich nicht entschließen, ein
Landschulmeister zu werden?

Stud. (etwas betroffen!) Ihr Vorschlag —
wäre nicht übel! Wenn nur — wenn nur die
Landschulmeister — ein wenig mehr geschäzt
würden, und — kein so gar geringes Einkommen hätten! Zu schlecht wäre mir eine solche Stelle, an sich betrachtet, nicht. Und ich
hätte dann doch das Vergnügen, auf dem
Lande zu leben. Denn die Liebe zum Land-

leben hat sich — auch schon in den wenigen
Stunden, seit ich bey Ihnen bin, — meiner
ganzen Seele wieder bemächtiget.

Ich. Aber Sie müssen sich wohl prüfen, ob
Sie sich nicht gezwungen dazu entschließen,
und ob Sie sich zutrauen dürfen, mit Muth
und Freudigkeit Ihr Amt zu verrichten. Das
Einkommen eines Landschulmeisters ist freylich
bey den mehresten sehr klein. Aber — wie
wenn Sie eine Zeitlang unverheyrathet blieben? — Und wer weiß, ob Sie nicht nach
wenigen Jahren ein Schulmeister in einem
unsrer Landstädtchen werden könnten?

Stud. Ihr Vorschlag wird mir immer annehm-
licher — zumal, wenn ich bedenke, daß ich
auf diese Art alle die sauren Gänge, die ein
armer Student beym Anhalten um Stipendia
thun muß, ganz überhoben bin.

Ich. Geschäzt werden Sie gewiß von den Landleuten — schon deswegen, weil Sie vorher
Studiosus gewesen sind — aber auch von dem
Geistlichen Ihres Orts, wenn Sie ein wenig
die Kunst verstehen, sich bey ihm zu empfehlen. Und je mehr die Kinder bey ihnen lernen: je mehr werden Sie geschäzt werden.
Nur muß ich Sie bitten, in Absicht auf die
Lehrart nicht gleich Neuerungen zu machen,

so nützlich und nothwendig sie auch wären —
sondern erst alsdann daran zu denken, wenn
Sie sich die Liebe und das Zutrauen Ihrer
Gemeinde und des Pfarrers erworben haben
— und dann, zumal wenn es ein vernünfti-
ger Mann ist, nichts ohne seinen Rath und
ohne seine Beystimmung vorzunehmen.

Stud. Ich will darüber noch weiter nachdenken — wiewohl ich fast schon entschlossen
bin!

Und so waren wir wieder in meinem Hause
angekommen. Als er nun eine Stunde ausgeruhet hatte, und meine Baase angezogen sahe,
fragte er sie: wohin sie gehen wolle? Sie sagte
ihm: „Nur eine halbe Stunde weit, in den nächsten Ort, wo ich ein Geschäfte habe.“ — Darf
ich Ihnen wohl Gesellschaft leisten? fragte er
sie — nach seiner Art sehr freundlich, aber nicht
in dem gefälligen Ton, wie es die Mädchen gewohnt sind. Es wird mir angenehm seyn, erwiederte meine Baase; so wie unsere Mädchen
gewöhnlich sprechen, ohne daß wir allemal sagen und wissen können, ob's ihnen damit ein
wahrer Ernst sey. Doch daran zweifelte er,
der das weibliche Geschlecht noch gar nicht kannte, im geringsten nicht. Meine Baase sagte
noch eines und das andere scherzend zu ihm,

das manchem Jüngling ein Bischen empfindlich
gewesen wäre (denn der gute Mensch hatte et=
was Steifes in seinem Betragen, und mit sol=
chen Jünglingen haben die Mädchen gern ihre
Freude). Er merkte es aber entweder nicht,
oder er war so gutherzig, es ihr nicht übel zu
nehmen. Genug, er schien äußerst vergnügt zu
seyn, mit einem Mädchen, das zwar nicht un=
ter die eigentlich schönen gehört, das aber et=
was sehr Angenehmes in ihrem Aeußerlichen,
und einen sehr hübschen Wuchs hat, allein spa=
zieren gehen zu dürfen. Vermuthlich war ihm
dieß Glück noch nie wiederfahren.

Wir wollen also unsere jungen Leute fort=
wandern lassen; und so bald mir meine Baase
Bericht erstatten wird, werde ich meinen Lesern
melden, was sie allenfalls mit einander gespro=
chen haben — und was in ihren Herzen vorge=
gangen ist.

Sechzehentes Kapitel.

Es könnte sich doch vielleicht eine Liebe entspinnen *).

Nach ein Paar Stunden kamen unsere jungen
Leute wieder zurük. Ich bot ihm einige so eben
erhaltene gelehrte Zeitungen zum Lesen an, um
Gelegenheit zu haben, mit meiner Baase allein
sprechen zu können. Sie sollten mir noch was
helfen, sprach ich zu ihr, und so folgte sie mir
in den Garten, er aber blieb in der Stube;
und es entstand zwischen uns folgendes Gespräch.

Ich. Sie sehen ja recht vergnügt aus? Es
   muß Ihnen wohl ergangen seyn!

Auguste. Wen sollte ein so schöner Abend nicht
   aufheitern?

---

*) Einigen Lesern wird diese Liebesgeschichte, die ich
jedoch sehr kurz abfassen werde, nicht angenehm seyn;
und laut des Titels könnte sie freylich wegbleiben.
Aber weit mehreren Lesern wird sie angenehm seyn,
und sie haben vielleicht schon lange so etwas erwartet. Ich werde sie aber lehrreich zu machen suchen. Und so sollten, denke ich, beyde Theile zufrieden seyn! Doch insofern der von mir geschil-
derte Studiosus überspannte Begriffe von dem Glük
des Landmanns hatte, gehört diese Erzählung allerdings in diese Schrift.

Ich. Und noch dazu in der Gesellschaft eines
 Jünglings!

Aug. Wie Sie doch so gern mit mir scherzen!

Ich. Ich scherze nicht. Es ist uns immer besser zu Muth, wenn wir nicht allein spazieren
 gehen dürfen. Mir geht es wenigstens so.
 Und man wird auch — zumal an den Aben-
 den — gerne wehmüthig, wenn man so allei-
 ne daherwandelt, wiewohl es eine süße Wehmuth ist, die uns recht wohl thut, und die
 mir schon oft eine Thräne aus den Augen ge-
 lokt hat, und wodurch dann mein Herz sehr
 erleichtert wurde. Nun — das so nebenher!
 Aber — ich möchte doch wissen, wie Sie mit
 Ihrem Gesellschafter zufrieden sind.

Aug. Er scheint mir ein recht guter Mensch zu
 seyn. Er ist wenigstens sehr aufrichtig, und
 hat das Herz immer auf der Zunge, und spricht
 ganz so, wie er denkt (welches ihm freylich
 manchmal schaden dürfte). Nur merkt man
 ihm den Mangel des guten Umgangs an. Seine Aufrichtigkeit artet manchmal in Vertrau-
 lichkeit und unanständige Neugierde aus: denn
 sie verleitet ihn zu Fragen, die er nicht machen sollte, und wodurch ein Mädchen in
 große Verlegenheit gesezt wird. Ein anderes
 Mädchen würde freylich davon Anlaß neh-

men, ihm allerhand Dinge vorzuschwazzen, und ihm wohl gar den Kopf ein Bißchen warm zu machen, als ob sie ihn liebe, ob sie gleich nur ihren Scherz mit ihm hätte. Aber das halt ich für unbillig. Und doch — ich wußte oft nicht, was ich ihm antworten sollte.

Ich. Da muß er doch wichtige Fragen an Sie gethan haben. — Sie werden roth? Ach, nun ist's gut zu errathen!

Aug. Ich muß Ihnen nur Alles sagen; Sie möchten sonst Wunder meynen, was er gesagt hätte. Aber so weit, als Sie es zu glauben scheinen, ist's noch nicht mit uns gekommen — wenigstens mit mir nicht.

Ich. Sie mögen sich verstellen, wie Sie wollen, als ob Sie ihm nicht gut wären —; abgeneigt sind Sie ihm doch nicht. Und, wenn er ein Landgeistlicher würde — — — Aber ein Dorfschulmeister?

Aug. Was Sie da sagen! Ja wohl! (sehr betroffen,) ein Dorfschulmeister! Das kann ich nimmermehr glauben. Doch Sie scherzen auch nur!

Ich. Ey! Sie sind ihm nicht gut — und kommen doch so in Eifer über den Dorfschulmeister? Mädchen! Mädchen! könnt' ich in Ih-

rem Herzen lefen — ich wollte etwas hüb-
fches herausbringen.

Aug. Das fagt' ich doch auch nicht, daß ich
ihm nicht gut fey — nur nicht fo, wie Sie
es meynen.

Ich. Im Sinne hat er's wirklich, ein Dorffchulmeifter zu werden — aber freylich nur
aus Noth, und — weil es ihm an guten
Ausfichten fehlt. Der gute Menfch dauert
mich fehr *). Er hat fich wirklich fchon recht
gute Kenntniffe gefammelt. — Doch, wollte
Gott! — es entfchlößen fich mehrere feines
Gleichen, Dorffchulmeifter zu werden! Dann
könnten wir Landgeiftliche mit unfern Predigten ꝛc. ꝛc. erft Nuzen ftiften. Denn da kämen
uns lauter gut unterrichtete, und an's Nachdenken gewöhnte junge Leute in die Hände.
Aber — noch eins! liebes Bäschen! Wie?
wenn er nach einigen Jahren ein Schulmei-
fter oder Präzeptor in einem Städtchen
auf dem Lande würde?

Aug. Ich wollt' es ihm recht fehr gönnen.

Ich. Und ich will Sie weiter nicht ausforfchen:
denn ich weiß, daß die Mädchen in diefem
Stük nicht zu viel ausgefragt feyn wollen.

*) Hier that Augufte einen tiefen Seufzer.

Aber den Hauptinhalt Ihres Gesprächs mit ihm könnten Sie mir doch sagen?

Aug. O ja, mit Freuden! Wir waren kaum zehen Schritte vom Dorfe hinweg, so fieng er mit einem wahren Enthusiasmus eine Lobrede aufs Landleben an. „Gott! wie die Leute so seelig sind, sagte er unter andern, wie ihnen in diesem Aufenthalte der Ruhe und des Friedens so wohl ist! Wenn sie auch ihre Sorgen haben, so müssen sie ja weichen bey dem Anblik alle des Schönen und Herrlichen, was sie da vor Augen sehen. Ihr Kummer muß schwinden, wenn sie ihre Blike auf die Blüte der Bäume, auf die wallenden Saaten, auf die grünenden Wiesen, die alle Pracht der Tapeten übertreffen, auf den klaren Himmel, und auf so manche andere Schönheiten, richten; wenn sie ihr Ohr dem frölichen Gesang der Vögel, und besonders dem melancholischen Liede der Nachtigal öfnen. — O wie sich dann ihr Herz erweitern, ihre Seele von den süssen Empfindungen durchdrungen seyn muß!" — Das, mein theuerster Herr Vetter! ist nur etwas weniges von seiner schönen Lobrede — denn sie dauerte viel länger. Aber ich kann sie nicht merken. Endlich sezte er noch hinzu: „O wie es da so seelig seyn

muß, auszuruhen am Busen des Weibes,
das Gefühl für das Schöne hat, alle Empfindungen gleichsam in sie hinein zu gießen,
ihre Theilnehmung wahrnehmen, und im Gefühl ihrer Freude ihre schönen Augen von
Thränen der Freude glänzen zu sehen! Gott
— wenn auch mir dieses Glük beschieden wäre!" (Und hier, — ich kann es nicht läugnen — sah er mich sehr wehmütig und — verliebt an. Wie aber ich ausgesehen habe, weiß
ich nicht. Sie wissen, wie gern ich auf dem
Land lebe, und so hatte er freylich eine Haupt-
saite meines Herzens berührt! Doch —
solchen Gedanken darf ich nicht nachhängen —
denn auch ich habe eben nicht die besten Aussichten. — Am besten wirds seyn, wenn ich
so bald nicht wieder mit ihm allein spazieren
gehe — denn gewiß würde ich von seiner
Schwärmerey angestekt werden — und —
ich weiß nicht warum — es war mir doch in
diesen Augenbliken so wohl um das Herz — —.

Jezt kam mein Vetter gerade zu uns heraus — er konnte die lezten Worte meiner Baase
wohl noch gehört haben. Sie verzeihen, sagte
er zu uns, daß ich Sie vielleicht störe; aber auf
dem Lande bin ich am liebsten im Freyen; man
fühlt in der Stadt eine gewisse Bangigkeit —

— — aber kaum athme ich die frische Luft, so
wird mir so leicht und so wohl um's Herz —
und jezt wird bald der liebe Mond aufgehen! —
Hier unterbrach ich ihn, um ihm seine Lobrede
auf den lieben Mond zu ersparen, weil ich befürchtete, daß sie auf das Herz meiner Baase
einen ähnlichen Eindruk als seine vorigen Reden machen möchte. Und das möchte — wenigstens jezt, noch nicht gut für sie seyn. Ohnehin schien sie mir bey seiner unvermutheten Ankunft etwas verwirrt worden zu seyn. Ich fuhr
also fort: wie ich höre, sind Sie auf ihrem
Spaziergang sehr vergnügt gewesen. Ja, der
Anblik so vieler Schönheiten hat Sie gleichsam
begeistert. Und das gönne ich Ihnen herzlich.
Denn Sie können sich dadurch, zumal in Ihrer
Lage, manche Stunde Ihres Lebens erleichtern
und versüßen. Nur irren Sie sich, wenn Sie
glauben, daß der Landmann bey dem Anblik der
Naturschönheiten eben das fühle, was Sie fühlen. Wie könnt' er dieß auch, da ihn Niemand
auf dieselbe aufmerksam macht, und da sie ihm,
weil sein Auge nun einmal daran gewöhnt ist,
gar nicht so wichtig sind, als Ihnen, und er
also auch dadurch gar nicht gerührt wird. Höchstens empfindet er im Freyen ein gewisses Wohlbehagen, wovon er aber selbst den Grund nicht

weiß. Und auch dieses fühlt er nur dann, wenn
seine übrigen Umstände gut sind, und ihm nichts
Unangenehmes in den Weg kommt. Ich suche
zwar meine Zuhörer bey jeder Gelegenheit auf
die Werke der Natur, folglich auch auf ihre
Schönheiten aufmerksam zu machen, um dadurch
wahre Liebe und Vertrauen auf Gott in ihre
Herzen zu pflanzen. Aber meine Ermunterungen
hiezu werden — so wie das mehreste, was ich
ihnen sage — von den mehresten überhört.
Die Leute sind schon zu alt — ihr Gefühl ist
gleichsam abgestumpft, oder es ist vielmehr nie
erwekt worden. So was muß in der frühen
Jugend geschehen. Und das geschieht freylich
von unsern Schulmeistern nicht. Auch daraus
sehen Sie, mein lieber Hr. Vetter! wie gut es
wäre, wenn junge Männer, wie Sie, sich entschließen könnten, Landschulmeister zu werden. —
Hier wurde meine Baase von meiner Frau abgerufen, welches ihm nicht recht zu seyn schien.
Denn er glaubte vermuthlich — ich werde nun
so was sagen, wovon er Gelegenheit nehmen
könnte, seinen Wunsch nach einer Verbindung
mit einem hübschen Landmädchen zu äußern.
Und dann hätten unsere jungen Leute einander
Blike zugeworfen, die nichts genüzt, eher geschadet hätten — oder er hätte ein Wörtchen

fallen laſſen, welches einen zu ſtarken Eindruk
auf das Herz meiner Baaſe gemacht hätte. Es
war mir alſo recht lieb, daß ſie abgerufen wurde; denn nun konnt' ich auch das fragen, was
ich noch auf dem Herzen hatte, und was hiebey folgt. Sie werden mir's nicht übel nehmen,
Hr. Vetter, daß mir meine Baaſe den Inhalt
Ihrer Reden auf Ihrem Spaziergang geſagt
hat. Denn ich bat ſie ausdrüklich darum, weil
ſie ſo gar vergnügt, aber doch auch etwas wehmütig, nach Hauſe kam. So wie Sie ſich nun
darin geirrt haben, daß Sie dem Landmann Empfindungen zuſchrieben, die er nicht hat: eben
ſo ſind auch Ihre Vorſtellungen von ehelicher
Glükſeligkeit auf dem Lande, ſehr überſpannt.
So viel iſt wahr — daß uns manchmal Stunden zu Theil werden, wo es uns außerordentlich
wohl iſt, wo wir ganz die Wonne fühlen, mit
einem guten Weibe ehelich verbunden zu ſeyn.
Aber das ſind gleichſam die Feſt-Stunden
unſers Lebens. Rechnen Sie alſo doch ja
nicht auf eine fortdauernde eheliche Glükſeligkeit. Sie hat noch nirgendwo, als in den Kö-
pfen der Dichter exiſtirt, und ſie iſt wegen der
gegenſeitigen Schwachheiten und Fehler des
Mannes und des Weibes, und wegen gewiſſer
Dinge, die zwiſchen ihnen jezuweilen einen

Wortwechsel verursachen *) u. s. w. etwas Un-
mögliches. Rechnen Sie also ja auf keine voll-
kommene eheliche Glükseligkeit, sonst sind Sie
und Ihre künftige Gattin unglüklich.   Sie,
weil Sie das nicht finden, was Sie erwartet
haben, und Ihre Gattin, weil sie bey all' ihrem
Bestreben, sich Ihnen durch Fleiß und Freundlichkeit gefällig zu machen, sich doch Ihre ganze
Liebe niemals erwerben wird.   Denn auf einen
verdrüßlichen Mann macht Nichts einen guten
Eindruk.   Aber — so, wie es ist, sollte es
seyn, und man lernt sich durch solche Vorfälle
besser kennen; man lernt Gedult mit einander
haben; man sieht es ein, daß man sich in dieses und jenes schikken muß — man söhnt sich
wieder aus, und wird einander aufs neue lieb
— und jene Fest-Stunden sind dann desto angenehmer.   Halten Sie also das eheliche Leben
auf dem Lande ja nicht für einen angenehmen
Spaziergang an einem schönen Frühlingsmor-
gen.   O es wird so gar oft durch Regengüsse
und Stürme unterbrochen — und es geht darin
ohne Sorgen, und Kummer, und Verdruß, und
Leiden nicht ab.   Jezt brachte meine Baase in

---

*) Besonders wegen der ungleichen Denkungsart in
  Absicht auf die Erziehung der Kinder.

Begleitung meiner Gattin eine Schaale mit frischen Birnen, die meine Kinder so eben aus-
gezählt *) hatten, und wir alle ließen's uns
recht wohl schmekken. Dann stimmten wir,
nach dem Aufgang des Mondes, das schöne
Abendlied von Claudius **) an, worüber mein
Vetter — ein großer Liebhaber des Gesangs —
fast in Entzükken gerieth — und jezt um so
mehr, da er meine Baase mitsingen hörte —
dann spazierten wir noch eine Weile im Mondschein herum, und verfügten uns endlich zum
Nachtessen, welches uns herrlich schmekte, so
einfach und klein es auch war.

—————

*) a u s z ä h l e n — d. i. der zehente Theil von eini-
gen Früchten, der dem Pfarrer gehört, wird ihm
zugezählt oder zugemessen. Die Abholung dieses
Zehenden ist für meine Kinder das angenehmste
Geschäfte.

**) „Der Mond ist aufgegangen,
„die goldnen Sternlein prangen
„am Himmel hell und klar. u. s. w.

Siebenzehentes Kapitel.

Mein Vetter reist wieder nach der Stadt, und bekommt noch eine Lektion auf den Weg. Ein
Brief von ihm an mich, nebst noch
einen an meine Baase.

Am andern Tage bekam ich von ein Paar benachbarten Pfarrern und ihren Frauen einen
Besuch. Da sie mich alle Jahre nur ein paarmal besuchen, so ists natürlich, daß ich sie so
gut, als es meine Umstände erlauben, tractirte.
Darüber machte nun unser Studiosus, der so
was gar nicht gewohnt seyn mag, ziemlich große
Augen, und mich däuchte, als läs' ich auf seiner Stirne die Worte: „die Landpfarrer haben
doch ein herrliches Leben!" Auch er ließ sich
den Kaffee, und Wein, und Käs, und das Ge-
bakene sehr wohl schmeken, welches wir alle,
da es nie so an ihn kommt, ihm von Herzen
gönneten. Inzwischen dachte ich gleich bey mir
selbst, es möchte nicht undienlich seyn, ihm hierüber eine kleine Lektion auf den Weg zu geben.
Denn, weil er nach seinem Temperament sehr
offenherzig ist, so konnt' ich mir vorstellen, er
werde hievon eine sehr in die Ohren fallende
Beschreibung machen, und so könnt' ich, ganz
wider seine Absicht, in der Stadt gar leicht in

ben Ruf eines kostbar lebenden Mannes kommen.

Tags darauf bat er mich, ihm meine
Bibliothek zu zeigen. Viel ganz neue Bücher
werden Sie nicht antreffen, sagte ich, denn meine Umstände erlauben es mir nicht, mich da
einzulassen. Ich bin froh, wenn ich sie zum
Lesen bekommen kann. Doch denke ich, Sie werden eines und das andere kennen lernen, das
immer noch gelesen und studirt zu werden verdient. Jezt waren wir auf meiner Studirstube,
wo ihm zuvörderst die Bildnisse von unsern vor-
nehmsten Gelehrten, die mehresten von Hand in
schwarzer Kunst gearbeitet, sehr wohl gefielen,
und ihr Anblik gab uns zu allerhand Bemerkungen Stoff. Sodann besahe er meine kleine
Bibliothek, und machte mir über die gute Wahl
der Bücher ein Kompliment. An eigentlich gelehrten Werken, sagte ich, in denen man des
Jahrs drey- viermal etwas nachschlägt, fehlt
es mir freylich: aber wozu auch diese für einen Landgeistlichen — zumal in meinen Umständen? desto mehr wirklich brauchbare Bücher
werden Sie finden. Er hat sich auch wirklich
einige zum Lesen ausgezeichnet. Nun speisten
wir zu Mittag. Und dann machte er sich reis-
fertig. Er war ziemlich traurig, theils, weil es

ihm, wie er mich versicherte, so ausnehmend
wohl bey mir gefallen habe, theils, was ich ihm
wohl anmerkte, weil er sich gestern mit meiner
Baase, die immer mit Aufwarten und Zurü-
stungen zu thun hatte, gar nicht abgeben konnte. Mir war dieß aber natürlich äußerst lieb.
Denn gesezt auch, was noch sehr ungewiß
ist, daß er einst die Stelle bekäme, die ich ihm
im Herzen zugedacht habe, und dann meine
Baase heyrathen wollte: so taugt eine so früh-
zeitige Liebe auf allen Fall nichts. Und es können immer noch vier oder fünf Jahre anstehen,
bis er eine solche Stelle vielleicht erhält.
Meine Baase aber würde mich dauern, wenn
eine Liebe bey ihr einwurzelte, welche am Ende
für sie einen unglüklichen Ausgang hätte. Jezt
nahm er von uns allen Abschied, seine Neigung
zu meiner Baase aber verriethen alle seine Blikke sehr deutlich. Er dankte mit vielen Worten
für alles Genossene. Das haben Sie nicht nöthig, sagte ich; dagegen aber habe ich noch eine
Bitte an Sie, und diese besteht darin, daß Sie,
was Sie aus Freundschaft gar leicht thun könnten, doch ja in der Stadt von dem gestrigen
Besuch nichts sagen. Zwar hätte ich nicht Ursache, mich dabey zu fürchten. Aber es giebt
da der Leute zu viele, welche, weil sie uns nichts

gönnen, alles übel auslegen. Es ist freylich
äußerst unbillig, daß gerade die Männer, welche fast alle Tage auf ein Glas Wein gehen,
und sich nach Gefallen eine Gesellschaft aus-
wählen können, uns Landgeistlichen nicht dann
und wann einen frohen Tag gönnen, ja wohl
gar, wenn einer von ihnen uns besucht, und wir,
dem Wohlstand gemäß, ihm aufwarten, den
Schluß machen, daß wir für gewöhnlich so
essen und trinken. Aber so ist es nun jezt einmal. Und wenn es auf solche Herren ankäme,
sie würden uns den dritten Theil unsers Ein-
kommens nehmen, weil sie immer meinen, daß
wir zu viel haben. Auch Sie selbst, hoffe ich,
werden sich von dem Leben eines Landgeistlichen
keine allzu vortheilhafte Vorstellung machen. Ich
traktirte Sie mit Hausmannskost, und ich ver-
sichere Sie, daß ich alle Tage so speise, ja oft
das nicht habe, was ich dießmal hatte. Es
vergehen oft viele Tage, bis ich nur ein Stük
Fleisch bekomme. An's Weintrinken aber darf
ich dermalen gar nicht denken, und ich bin froh,
wenn ich nur an den Sonntagen, wo ich es gewiß nöthig habe, ein Paar Gläschen trinken
kann. Und wenn Regenwetter einfällt, komme
ich oft vier Wochen nicht aus meinem Hause.
Ein Besuch aber, wie der gestrige, ist eine

Ausnahme. — Er versprach mir die Gewäh-
rung meiner Bitte, und schied von mir mit sehr
gerührtem Herzen. — Es vergiengen kaum vier
Tage, so erhielt ich von ihm folgenden Brief:

Mein Hochgeschäztester
Hr. Vetter Pf.

Noch bin ich mit meinen Gedanken mehr bey
Ihnen und auf dem Lande, als in der Stadt:
denn sie verfloßen mir viel zu seelig, jene Stunden, die ich bey Ihnen in Ihrem lehrreichen
Umgange, in dem Schoos Ihrer theuren Angehörigen und in Ihrer reizenden Gegend zu-
brachte. Noch schweben sie mir alle ganz lebhaft vor Augen — die Bilder jener schönen Gegenstände, die mein Herz mit der süßesten Wonne erfülleten, und die ich so gern hinzeichnen
möchte, um sie in trüben Stunden vor das Auge
zu nehmen, mich daran zu laben, und mein Herz
dadurch zu erquiken — das Bild Ihrer freundlichen und fleißigen Gattin in dem Kraise Ihrer lieben muntern Kinder — das Bild ihres
lieben Mannes und Vaters, wie er freundlich
sie anlächelt, und sein Blik Jedes zur Freude
und zum Guten ermuntert — das Bild Ihrer
geschäftigen und durch ihre Unschuld so reizenden Baase, wie sie voll reger Thätigkeit alle

häuslichen Geschäfte besorgt, welche ihr aufge=
geben sind, und in der ich schon jezt die künf=
tige würdige Gattin und Hausmutter erblikke,
und nicht umhin kann, seelig zu preisen den
Mann, der durch den Besiz ihres edlen Her=
zens beglükt wird, und dem sie das Leben hie=
nieden zu einem Paradiese machen wird. Und
wie könnt' ich sie zeichnen, alle die anmuthigen
und reizvollen Gegenstände, die ich bald auf
einer Anhöhe, bald im heiligen Dunkel des Wal=
des, bald am Ufer unserer ehrwürdigen Donau
vor Augen hatte — jene sanft dahin wallende
Saaten, jene mit tausend Blumen geschmükten
Wiesen, jene muntern Heerden — jenes frohe
Gewühl des arbeitenden Landvolks, jenen frohen
Hirten, der durch seine melodische Pfeife seiner
Heerde den Genuß ihres Futters gleichsam recht
schmakhaft macht, und alle die schönen Gärten
in Ihrem Dorfe, deren süße Früchte jeden Be=
wohner im Herbst erquiken und laben werden.
Doch ich bin unfähig, die Schönheiten der Na=
tur zu malen, in deren Schoose mir jene viert=
halb Tage wie wenige Augenblikke verfloßen.
Nicht zu gedenken der angenehmen und lehrrei=
chen Unterhaltungen von und mit Ihnen, wo=
durch Sie mich auf so wichtige Betrachtungen
leiteten. Nehmen Sie von mir, theuerster Hr.

Pfarrer, noch einmal den verbindlichsten Dank
für alles bey Ihnen genossene Gute, und für
jedes Vergnügen, das mir durch Ihre Güte,
und durch die liebreiche Begegnung Ihrer würdigen Frau und Baase zu Theil ward. Und
seyn Sie versichert, daß ich durch den Aufenthalt bey Ihnen aufs neue zur freudigen Erfüllung meiner beschwerlichen Geschäfte gestärkt
worden bin; daß ich dadurch zur Zufriedenheit
mit meinem Schiksal, und zur gelassenen Erdultung so mancher Unannehmlichkeiten ermuntert
wurde. — Mein Vorsaz, ein Landschulmeister
zu werden, erhält täglich mehr Vestigkeit. Es
ist wahr, ich habe in der lateinischen, franzö-
sischen und italienischen Sprache schon etwas
gethan — ich habe schon angefangen, die kriti-
sche Philosophie zu studiren. Ich habe mir so
manche Kenntnisse gesammlet, die ich als Landschulmeister entbehren könnte. Aber — sey es
darum. Wenn ich mir den Weg meines Lebens
angenehmer machen; wenn ich jene steilen Ber-
ge umgehen; wenn ich früher zum Ziel meiner
Bestimmung kommen kann: warum sollte ich's
nicht thun? Und da ich ein so großer Kinderfreund bin: warum sollt' ich mich nicht lieber
in meinen dreyßiger Jahren verheyrathen, wo
ich doch noch hoffen darf, meine Kinder selbst

erziehen und unterrichten zu können? als so
viele Landgeistliche, die erst in den vierziger
Jahren einen Dienst erhalten, und dann mehrentheils unerzogene Waisen, und also auch eine
unglükliche Wittwe zurükke lassen; oder die,
wenn sie auch leben, doch nimmer die gehörige
Munterkeit und Geduld zum Unterrichte, und
zur Erziehung derselben besizzen.

Inliegenden Brief bitte ich, Ihrer herrlichen Baase zuzustellen. Sie hat mir viel zu
seelige Stunden verschafft, als daß ich ihr nicht
besonders dafür danken sollte. Empfehlen Sie
mich Ihrem ganzen Hause. Ich habe die Ehre
mit der größten Hochachtung zu seyn

Ihr

ergebenster Vetter
✳✳ ✳✳

An Jungfer Auguste ✳✳.

Hochzuverehrende Jungfer!

Sie müßten mich billig für einen gefühllosen
und undankbaren Menschen halten, wenn ich
Ihnen nicht meinen innigsten Dank bezeugte für
so viele frohe, seelige Stunden, die Sie mir
durch Ihre angenehme Unterhaltungen, durch
Ihre leutseelige Begegnung, durch Ihre zärt-

liche Theilnahme an meinem Vergnügen in dem
Schoose der Natur, und durch Ihre viele Bemühung, die ich Ihnen verursachte, gemacht
haben. Tief, tief haben sie sich eingedrükt in
meine Seele, alle die süßen Empfindungen, die
durch Sie und Ihre Güte und Freundlichkeit
in mir geweft wurden. Und sie sind von jezt
an — und werden stets bleiben die Quelle meiner Freude und Zufriedenheit. Ich wage es
nicht, Ihnen zu sagen, was für ein Wunsch in
dem Umgange mit Ihnen und durch Ihre holden Blikke in mir rege wurde. — Aber ich
denke, Ihr eigenes Herz wird Ihnen denselben
sagen. Und er ist ja so unschuldig — dieser
Wunsch —: warum sollt' ich nicht hoffen dürfen, daß die gütige Vorsehung ihn einst erfül-
len wird? Und, o dann wär' ich der glüklich-
ste Sterbliche! Aber — freylich, wenn ich
ihm so nachhänge, mischt sich dann und wann
auch Wehmuth und Besorgniß in meine Hofnung, und es entfällt mir wohl gar eine stille
Thräne. Ach! wenn er vergeblich wäre, dieser süße Wunsch, und alle meine schönen Hofnungen! Doch — weg mit diesen schwarzen,
melancholischen Gedanken! Eine schöne, heitere, glükliche Zukunft wartet auf mich! Verzeihen Sie es mir, bestes, würdigstes Mäd-

chen, wenn ich Sie sollte ein wenig traurig gemacht haben, und entziehen Sie mir doch Ihre
höchstschäzbare Gewogenheit nicht.   Ich habe
die Ehre ꝛc. ꝛc.

✱✱ ✱✱

Achtzehntes Kapitel.

Etwas zur Beherzigung für Kandidaten der Theologie. —
Klugmann errichtet eine für gemeine, aber wißbegierige
Bürger eingerichtete Lesebibliothek.   Auch Fröhlich
bekennt Lust am Lesen solcher Bücher, welche
für das Landvolk geschrieben sind.

Der Brief an meine Baase, (den ich ihr
aber wohlweislich nicht zum Lesen gab, sondern
ihr nur ein wenig daraus sagte) hatte mich sehr
unwillig gemacht; obgleich mein Vetter gewiß
die redlichste Absicht dabey hatte, und gar nicht
dachte, was für Wirkungen er haben könnte.
Denn so ein Brief könnte auch dem vernünftig-
sten Mädchen den Kopf verrücken.   Ich konnte
mich daher nicht enthalten, meinem Vetter sogleich darauf zu antworten.   Aber diejenigen
meiner Leser, welche allenfalls hierauf begierig
sind, müssen sich noch eine Weile gedulten.   Mein
Büchlein ist dem Bürger und dem vernünftigen

Landmann gewiedmet. Und diesen kann ich es
nicht übel nehmen, wenn sie sich mehr für meinen braven Klugmann und Fröhlich interessiren.
Also sollen Sie nun auch vernehmen, was Sie
weiter gethan haben, um theils ihre eigene Einsichten und Kenntnisse zu vermehren, und ihre
Gesinnungen zu veredeln; theils um sich um ihre Nebenmenschen verdient zu machen, und sich
so eine neue Quelle ihrer Glükseeligkeit
und Zufriedenheit zu bereiten. Wenige Tage nach der Abreise meines Vetters war ich so
glüklich, von Klugmann und seiner lieben Familie besucht zu werden. Nur war es mir unangenehm, daß sie mir gleich bey ihrer Ankunft
(es war schon Abend um 3. Uhr) ankündigten,
daß sie morgen Abends nothwendig wieder zu
Hause seyn müßten. Und ich und meine Frau
hatten uns doch schon lange auf ihren Besuch
gefreuet, und hätten sie so gar gerne mehrere
Tage bey uns gehabt. Meine Frau ordnete
also bey meiner Baase ein gutes Abendessen an.
Vor jetzt aber erquikte sich Klugmann (da er sich
den Wein von mir verbat) durch ein gutes brau-
nes Bier, und seiner Familie ward das beste
Obst, das ich im Hause hatte, vorgestellt.
Dann zeigten wir ihnen, da uns das Glük nicht
mit angefüllten Kästen versehen hat, unsere an-

dern Herrlichkeiten, nehmlich unsere schönen
Wurzgärten u. s. w. Aber wie erstaunte die
Fr. Klugmannin, als ich ihr sagte, daß diese
zwey Wurzgärten, wovon der eine sehr groß
ist, und der wirklich voll der schönsten Wersich-
und Kollraben-Köpfe, und voll Bohnen stand,
ganz allein von meiner Frau besorgt würden,
nur, daß dann und wann auch meine Baase ihr
dabey einige Hülfe leistete. Sie konnte also
des Lobs wegen des Fleißes meiner Frau gar
nicht satt werden, so wie sie auch mich sehr
glüklich prieß, eine solche Frau und wir Beyde
an unserer Baase eine so treue und redliche Gehülfin — bekommen zu haben. O lassen Sie
sichs, sagte sie unter andern zu mir, doch ja
nicht reuen, daß Sie sich eine Frau von einem
Landbeamten, nicht aber ein gepuztes und schwäch-
liches und an tägliche Gesellschaft gewöhntes
Stadtjüngferchen gewählt haben, wenn schon gewisse Leute damit nicht zufrieden waren. Denn
mit einer solchen wären sie nie auf einen grü-
nen Zweig gekommen. Ja — ich kenne eine und
die andere Landpfarrersfrau, welche, wenn sie
nur ein kleines Gartengeschäft verrichtet, krank
darauf wird. O wie thöricht und ganz wider
ihren Vortheil handeln daher alle diejenigen
Kandidaten, welche sich solche Jüngferchen wäh-

len (wie es überhaupt sehr unklug ist, daß fast
alle, so bald sie von der Universität heimkommen, sich gleich mit einer Jungfer versprechen).
Werden sie dann als Vikarien auf dem Lande
angestellt, dann sehen sie erst ihre Thorheit ein,
und bereuen zu spat den unklugen Schritt, den
sie thaten! — Ich, sagte ich, hatte um so mehr
nöthig, eine Frau zu wählen, welche in den
ländlichen Arbeiten Einsichten und Erfahrung
hatte. Denn ich hatte mich im ledigen Stande
nie um Zehend-Sachen bekümmert; hatte auch
nicht ein Buch über die Landökonomie gelesen;
hatte nie eine Freude daran gehabt, sondern
blos am Studiren und Lesen guter philosophi-
scher, pädagogischer, theologischer, und Relig.
Schriften. Ich wäre also jezt übel daran, wenn
ich eine in jenen Sachen unwissende Frau hätte — gesezt auch, daß sie in andern Sachen
auch noch so verständig, daß sie belesen wäre,
daß sie die feinste Lebensart hätte, u. s. w. Solche Ueberlegungen pflegen freylich wenige Kandidaten anzustellen. Da denken sie blos an die
Gegenwart; und der eine wählt sich ein Mädchen blos zum Vergnügen, um auf seinen sonn-
täglichen Spaziergängen, so wie seine übrigen
Freunde, eine angenehme Gefährtin zu haben;
ein anderer, weil er keine Eltern und Freunde

hat, die ihm seine Wäsche und andere Dinge
besorgen, oder weil er Unterstüzung braucht.
Ein solcher ist freylich eher zu entschuldigen.
Aber es wäre doch besser, er gienge bey einem
Bürger in die Kost, und miethete sich ein kleines Logis, als daß er sich mit einem Mädchen
verbindet, das zur Erlernung der Feldgeschäfte
entweder keine Lust; oder zur Treibung derselben
keine Kräfte hat, das ihn also bey allen andern guten Eigenschaften doch im Grunde nicht
viel nüzt.

Ueber diese wichtige Materie wurde noch
vieles gesprochen. Endlich war die Gesellschaft
wieder zurüke gekommen, und die gut zubereite-
te Abendmahlzeit schmekte allen herrlich wohl.

Auf den andern Morgen ward nun auch
unser Fröhlich nebst seiner Hausfrau zu mir
auf eine Schaale Kaffee eingeladen. Da nun
Klugmanns Frau in Hofnung war, und ich
merkte, daß sie sich bey meiner Frau wegen dieses und jenes Umstandes Raths erholen wollte,
so sagt' ich: kommt, ihr Männer, mit mir auf
meine Studirstube. Einige meiner Bücher werden uns schon Stoff zu einem Diskours geben;
so können doch unsere Frauen ungestört mit einander plaudern. Als wir auf der Studirstube
waren, machte Fröhlich große Augen über die

Menge Bücher (obwohl meine ganze Bibliothek nur aus zwey Schränken besteht). Und zwar machte er sich hievon sonderbare Begriffe. Erstlich meinte er, alle diese Bücher hätte ich auswendig lernen müssen; und zweytens glaubte er, es seyen lauter Gebet- und Predigtbücher. Auf einmal stieß er ganz von ohngefähr auf ein Buch, worauf außen am Rand mit Frakturbuchstaben ganz frisch geschrieben stand: „Geschichte des Dörfleins Traubenheim.“ Das Wort Dörflein fiel ihm auf, und er fragte mich: Ey! was mag doch darin stehen? Ich antwortete ihm: Recht sehr viel Gutes — besonders für die Landleute. — Und dann beschrieb ich ihm in aller Kürze den Hauptinhalt dieses so schön als lehrreich geschriebenen Buchs. Wie sagten Sie, fuhr er weiter fort, für die Landleute? Giebt es denn auch Bücher für die Landleute? — ich dachte, für uns habe Niemand gesorgt, als der liebe Gott durch die Bibel, und dann jene gottseeligen schon lang verstorbenen Männer, Arndt, Skriver und Stark, und endlich — der Kalendermacher. — In sofern habt Ihr schon Recht, lieber Freund ꝛc. erwiederte ich, daß es vor alten Zeiten keine oder wenig gescheide Bücher für das Landvolk gegeben hat. Aber seit einigen Jahren haben viele rechtschaf-

sene Männer an euch gedacht, und für euch
gesorgt, daß ihr in diesem und jenem Stük ver-
nünftiger und besser, und dadurch glüklicher
werden möget. Aber leider! kommen die wenigsten dieser Bücher in euere Hände, theils
weil sie von den Buchhändlern zu theuer verkauft werden, theils weil man euch nicht genug
darauf aufmerksam macht, und endlich, weil
viele von dem Landvolk nicht Lust haben, ein
neues Buch zu lesen, manche auch nicht fertig
lesen können, und dann auch keinen großen Nuzen davon haben können. Und dergleichen Bücher, wie dieses, giebt es noch mehrere. Besonders aber muß ich euch dieses empfehlen —
da langte ich — die herrliche Schrift: „Lienhard und Gertrud‟ hervor. Das, sagte ich,
ist so ganz ein Buch für Euch — voll guter Lehren, und so faßlich und beweglich geschrieben,
daß Ihr alles vollkommen verstehen und euch
recht daraus, besser als aus manchem Gebetbuch, erbauen werdet. Und da jezt bald wieder die langen Winterabende kommen, so däch-
te ich, ihr könntet da kein besseres Geschäft vornehmen, als wenn ihr diese zwey Bücher in Gegenwart eurer Frau vorlesen würdet. Gefallen
Sie euch dann, wie ich nicht zweifle, und seyd
ihr damit fertig, so will ich euch wieder ein

Paar andere verschaffen. Und sogleich stekte er
sie in seine Tasche. Denn (sezte er hinzu) es
muß eben nicht Winter seyn. Ich habe an
Sonn- und Feyertagen schon Zeit, etwas Gutes zu lesen — und auch manchmal in der Woche. — Kaum waren acht Tage verflossen, so
konnte er mir, da er mir von ohngefähr be-
gegnete, „Lienhard und Gertrud" nicht genug
loben, und kaum Worte finden, seine Freude
darüber auszudrüken. Ich kanns kaum erwarten, sagte er, bis ich das andere (die Geschichte des Dörfleins Traubenheim) anfangen kann.
— Es ist zwar dasselbe, sagte ich ihm, nicht
ganz so faßlich wie L. und G. geschrieben —
aber doch auch, wenn man es aufmerksam liest,
verständlich, und enthält sehr viel Gutes und
Lehrreiches. Ja, erwiederte er, nun geb' ich
das Lesen nimmer auf. O hätt ich vor zehen
Jahren den Anfang damit gemacht, da wollt'
ich jezt ein anderer Mann seyn. Es ist kein
Wunder, wenn man die Landleute einfältige
Leute nennt. Ich wars wirklich, und so sind
die mehresten, wohl noch ein wenig unwissender
und einfältiger. Aber es ist ja kein Wunder. —
Seit ich aber lese, geht mir über manches ein
Licht auf, worüber ich vorher gar nicht nach-
gedacht habe. Das müssen doch recht gelehrte

und brave Männer seyn, die diese Bücher ge=
schrieben haben. Ich einmal habe sie recht lieb,
und könnt' ich ihnen einen Gefallen thun — o!
das würde mich herzlich freuen! — Nun be=
sahe auch Klugmann meine Bücher. Dann bat
er sich ein Stük Papier und ein Reißbley von mir
aus, und zeichnete sich von einigen die Titel
auf, und bat sich auch gleich ein Paar davon
aus. Es thut mir sehr leid, sagte ich zu ihm,
daß ich so wenige für Ihn habe. Aber diesem
Fehler kann ich abhelfen. Da langte ich dann
mein schriftliches Verzeichniß hervor, worein ich
alle diejenigen Schriften notirt habe, welche in
gelehrten Zeitungen und Journalen sehr gelobt
und empfohlen wurden, und welche ich theils
zu kaufen, theils zu lesen gedenke. (Denn ohne
dieses Aufschreiben der Titel würde ich die be=
sten Schriften zu lesen vergessen.) Das freute
ihn nun ausnehmend, und er bat mich ausdrük=
lich, ihm diejenigen zu sagen, die ich für ihn
am zuträglichsten hielte, welches ich dann auch
mit Freuden that *).

*) Ich muß doch einige davon hier nennen:
    Beyträge zur Beförderung einer vernünftigen Kin=
      derzucht und wahrer Menschenliebe, von Patschke.
    Schulmeister=Gespräche über Unterthanen=Pflichten
      und Aufklärung.

Jezt rief man uns zum Mittageſſen, welches
früher, als ſonſt, geſchehen mußte, weil die guten Leute heute noch 5. Stunden heimlaufen ſollten. Denn wegen der Saat konnte ichs keinem
Bauer zumuthen, ſie nach Hauſe zu fahren.
Da ich's endlich noch in Fröhlichs Gegenwart
ſehr bedauerte, daß ich ſie müßte heimlaufen
laſſen, ſo ſagte er: Auf ein Paar Stunden

Woldemar, von F. H. Jakobi.

Ueberzeugungen von Gott aus der Natur für den
    geſunden Menſchenverſtand.

Geſchichte des Dörfleins Traubenheim.

Gemeinnüzige Spaziergänge von Andre und Bechſtein.

Stunden für die Ewigkeit gelebt.

Chriſtoph und Elſe.

Jeſus, der Lehrer und Wohlthäter der Menſchen;
    ein hiſtoriſch-moraliſches Volksbuch.

Ueber den Werth und Gebrauch der Reformation —
    zur Beförderung einer edlen Denk- und Gewiſ-
    ſensfreyheit.

Konrad Kiefer, von Salzmann.

Der Himmel auf Erden, von Salzmann.

Erziehungs-Katechiſmus für Eltern, die ihre Kinder
    geſund und tugendhaft erziehen wollen.

Leben, Meinungen und Thaten Doktor Mart. Luthers,
    ein Leſebuch für den Bürger ꝛc. ꝛc.

Leben Melanchthons.

Leben Kalvins.

Leben Hußens.

II

kommts auch nicht an, die laſſen ſich ſchon wieder einbringen! Und ſo konnten wir alſo ruhig
zu Mittag ſpeiſen, und noch eine gute Weile
nach Herzensluſt mit einander plaudern.

Nach Tiſch wollten Klugmanns Kinder noch
einmal zu Fröhlichs Kindern und den Uebrigen
gehen, mit denen ſie in dieſer kurzen Zeit Be-
kanntſchaft gemacht, und ſehr vertraut gewor-

> Reiſe eines Vaters mit ſeinen beyden Söhnen durch
> ganz Deutſchland; ein geographiſches Leſebuch
> für Kinder.
> Fauſtin — oder das philoſophiſche Jahrhundert.
> Zerrenners Volksbuch.
> Wagnitz Moral in Beyſpielen.
> Moraliſches Handbuch, oder Grundſäze eines ver-
> nünftigen und glüklichen Lebens, als Beytrag zu
> einer populären Philoſophie für unſer Zeitalter —
> von Pöliz.
> Das Krebsbuch — oder Anweiſung zu einer unver-
> nünftigen Erziehung der Kinder, von Salzmann.
> Unterhaltendes Hiſtorienbuch für Bürger ꝛc.
> Das Buch vom Aberglauben.
> Hinſichten auf die Ewigkeit — von Ouvrier.
> Ueber den Umgang mit Menſchen — von Knigge.
> Anweiſung für Chriſten, die als vernünftige Men-
> ſchen leben wollen — ein Plan bey dem Unter-
> richt meiner Katechumenen — von K. H. Biel.
> Schwachheiten und deren traurige Folge, dargeſtellt
> in Erzählungen für das Herz.

den waren, und sich recht lustig mit einander
gemacht hatten. Aber es schlug zwölf Uhr —
und es hieß, die Magd solle zu Fröhlich gehen,
er möchte anspannen. Da waren die guten Kinder äußerst traurig. Aber — Abschied nehmen,
sagten sie mit Einem Munde, dürfen wir doch
von unsern lieben Kameraden? Und natürlich
ward ihnen dieß erlaubt. Sie mußten aber ver-

Lehren und Ermahnungen über die gute Anwendung
der Jünglingsjahre in den lezten Unterredungen
eines Schullehrers ꝛc. ꝛc. von Wolframm. 2.B.

Erdenglük und Menschenwohl, ein unterhaltendes
Lesebuch für Kinder, die glüklich werden wollen,
von J. W. Schwarz.

Elias Klaprose, Exmagister ꝛc. ꝛc.

Elpizon — oder über meine Fortdauer im Tode.

Predigten zur Widerlegung und Vertilgung wichtiger
praktischer Vorurtheile in Absicht auf Religion
und Christenthum.

Volks-Naturlehre zur Dämpfung des Aberglaubens,
von Hellmuth.

Der Bürgerfreund — ein Lesebuch für Kinder in
Bürgerschulen — von Sam. Ludwig.

Flemmings Geschichte — ein Denkmal des Glaubens
an Gott und Unsterblichkeit.

Predigten, hauptsächlich zur Berichtigung irriger
Vorstellungen, und zur Bestreitung falscher Grundsäze, von — Wedag.

sprechen, gleich wieder da zu seyn. Und nun
schieden die guten Leute sehr gerührt und nicht
ohne Wehmuth von einander.

* * *

Noch muß ich diesem Kapitel etwas beyfügen, was ich zu melden vergessen hatte. Als nemlich Klugmann mit Aufzeichnen der unten ange-
führten Schriften fertig war, sagte er zu mir:
Da kam mir unter dem Schreiben ein recht guter Gedanke. Können Sie ihn wohl errathen?
Ich besann mich einige Augenblicke. — Nein!

Vater Rodewich.
Ueber das Verdienst des Christenthums um den Staat.
Die gemeinnützigsten Vernunft-Kenntnisse, oder An-
    leitung zu einer beständigen und fruchtbaren Be-
    trachtung der Welt — von Klügel.
Funks Naturlehre und Technologie.
Praktische Geschichte des Menschen, ein Anhang zur
    vorhergehenden Schrift.
Geschichte Gottfried Walthers, von Miller.
Der kluge Mann, von Erasmus Schleicher.
Der Bote aus Thüringen.
Dialogen des Küsters Ehrenbrandt mit den Honora-
    tioren seines Dorfs.
Schletz fliegende Volksblätter.
Neue Morgen- und Abend-Andachten, von Seyffert.
Schatters Predigten über die Sonntags-Evangelien.
Christliches Gebetbuch für Bürger ꝛc.

fagte ich — ich kanns nicht errathen. Nun so
will ich's Ihnen sagen. Ich werde eine Lese-
Bibliothek unter einer Anzahl von Bürgern
aufrichten. Dadurch hoffe ich viel Gutes zu
stiften. Denn — fürs Erste werden dadurch
diejenigen, welche darein treten, abgehalten werden, unnüze, oder für sie unverständliche Bücher zu lesen, (welches von vielen blos deswegen geschieht, weil sie gerade kein besseres zur
Hand bekamen). Zweytens, werden sie lauter
gute und zwekmäßige Schriften zum Lesen be-

    Konstants kuriose Lebensgeschichte — ein Buch fürs
        Volk, von Salzmann.
    Die Laterne bey Tag — ein Buch zum Vergnügen.
    Stillings Jünglingsjahre und Wanderschaft.
    Campe's Robinson.
    — — Reisebeschreibungen.
    Freudenreichs erste Jugendjahre — ein Kinderroman.
    Lienhard und Gertrud.
    Starks Gemälde aus dem häuslichen Leben.
    Auguste und Hieronymus — oder Briefe über die
        moralische Bildung des Menschen.
    Versuch eines Erziehungsbuchs für deutsche Bürger
        und Landleute, von Steinbek.
    Resewiz über die Erziehung des Bürgers.
    Gespräche zur Bestreitung schädlicher praktischer Vor-
        urtheile in Absicht auf Religion und Christenthum
        — von Habicht.

kommen. Denn (ſeʒte er gütig hinʒu) ich werde
kein anderes kaufen, als welches Sie mir an⸗
rathen. Drittens wird dann Mancher, anſtatt
ins Wirthshaus zu gehen, und da ſein Geld zu
verſpielen, oder in Händel verwikelt zu werden,
oder unanſtändige Geſpräche anʒuhören, oder zu
ſündlichen Handlungen verleitet zu werden —
zu Hauſe bey ſeinem Weibe und Kindern blei⸗
ben — und der Abend wird ihm auf die ange⸗
nehmſte Art verfließen. Endlich werden ſie auch
viele neue Kenntniſſe erlangen, woran es ihnen
bisher ganz gefehlt hat; werden alſo auch die
politiſchen Zeitungen mit größerem Nuʒen leſen;
werden ſich für die Begebenheiten in der Welt
mehr intereſſiren; werden Manches mit andern
Augen anſehen, und richtiger beurtheilen; wer⸗
den mit ihrem Vaterlande, mit ihrer Staats⸗
verfaſſung, und überhaupt mit ihrem Schikſal
zufriedener werden, u. ſ. w. Nicht wahr? das
iſt doch recht hübſch! Ich kann es kaum er⸗
warten, bis ich mit dieſem Geſchäfte fertig bin.
Und es ſoll morgen, will's Gott! das erſte ſeyn,
daß ich mir die Bücher, die ich jezt aufgeſchrie⸗
ben habe, aus dem Buchladen abhole, und dann
werde ich ſie gleich planiren und heften. Auf
15. Leſer darf ich gewiß rechnen, und es ſchla⸗
gen ſich ſicher noch einige 15. daʒu. Ich be⸗

zeugte ihm über diesen vortreflichen Einfall, wie
billig, meinen großen Beyfall, und machte ihn
darauf aufmerksam, wie er auch in diesem frohen Bewußtseyn, so vieles zur Vervollkommnung
des Charakters seiner Mitbürger beyzutragen,
eine Quelle seiner Glükseligkeit finden werde.
Und sein Antliz erheiterte sich, wie bey einem
braven Manne, der sich guter Absichten und
guter Thaten bewußt ist.

Neunzehentes Kapitel.

Eine wichtige Unterredung zwischen mir und meiner
Baase, und meine Antwort an Hrn. Studiosus ** auf seine zwey Briefe.

Wundert Euch nicht, liebe Leser, daß ich den
zwey Briefen an meinen Vetter ein eigenes Kapitel widme. Es ist gewiß recht viel daran gelegen, einen jungen schwärmerischen Menschen,
der an der Liebe krank ist, und noch obendrein,
ohne seine Absicht, einem braven Mädchen ihre
Gemütsruhe rauben könnte, zur Besinnung und
zum Nachdenken zu bringen sich bemühen. Und
das ist bey diesen Briefen meine Absicht. Ihr
habt es deutlich gemerkt, wie es in den Herzen
unsrer zwey jungen Leute aussahe. Zwar ich
selbst glaubte anfänglich nicht, daß mein Vetter

einen Eindruk auf meine Baase gemacht habe;
daher ich die Sache auch scherzhaft behandelte.
Dieß glaubte ich um so mehr, da sein Aeußerliches ihr zuwider zu seyn schien, und in diesem
Fall pflegen sich sonst die Mädchen nicht leicht
zu verlieben. Aber meine Baase wußte gleichsam
selbst nicht, wie ihr geschahe, und der Gedanke,
daß dieß etwa der Mann seyn könnte, durch den
sie, als eine Waise, ihre Versorgung finden würde, mag das meiste dazu beygetragen haben, daß
sie wirklich in ihn verliebt wurde. Da ich dieß
nun von Tag zu Tag — nach meines Vetters Abreise — deutlich merkte: (denn bald seufzte sie,
bald war sie verwirrt und zerstreut, vergaß
manches, und gab mir oft eine unrichtige Antwort, oder fragte mich zweymal, was ich gesagt
habe); so entschloß ich mich gleich, an meinen
Vetter zu schreiben, und ihm zu verstehen zu
geben, daß er doch sobald nicht wieder mich besuchen möchte. Zum Glük war sie schon lange
Willens, ihre Anverwandte in *** zu besuchen.
Dieß erlaubte ich ihr jezt um so lieber, ja ich
munterte sie ausdrüklich dazu auf, weil ich hoffen durfte, daß dieß das beste Heilmittel für
sie seyn würde. Denn dort fand sie weit mehr
Zerstreuung, als auf meinem Dorfe, wo ohnehin dieß und jenes sie an ihn erinnern könnte.

Eines Tags aber, noch eher sie abreiste, schien sie mir so gar traurig zu seyn. Da sie mir nun des Nachmittags den Kaffee auf meine Studirstube gebracht hatte, weil ich ihn dieß= mal allein trank, um desto ruhiger auf den näch= sten Sonntag studiren zu können, so behielt ich sie bey mir, und da entstand zwischen uns fol= gendes Gespräch.

Ich. Sie haben es, meine Liebe, bisher, wie ich glaube, deutlich gemerkt, wie gern ich Sie habe, und wie sehr mir Ihre wahre Wohl= fahrt am Herzen liegt. Ich hoffe also, Sie werden auch jezt, da ich über einen sehr wich= tigen Punkt mit Ihnen sprechen will, nicht daran zweifeln, daß alles, was ich zu Ihnen sagen werde, aus dem besten Herzen kommt. Denn ich bin gewiß der Mann nicht, der Sie an Ihrem wahren Glük (etwa gar aus Ei= gennuz, um Sie nur länger zur Aushülfe zu haben) zu hindern sucht, oder der Ihnen eine unschuldige Freude nicht gönnete.

Auguste. O gewiß, theuerster Hr. Vetter, ha= be ich nie an Ihrem Gutmeinen mit mir ge= zweifelt. Und Sie haben mir schon allzu vie= le Beweise Ihrer guten Gesinnung gegen mich gegeben, als daß ich auf dergleichen Gedan= ken kommen könnte. Reden Sie also mit

mir, was Sie wollen — ich werde alles gern
anhören.

Ich. Nun das freut mich von Herzen, und ich
erkenne in Ihnen ganz das gute brave Mädchen, das ich bisher in Ihnen gefunden habe. Ich muß Ihnen also sagen: Ihre zeitherige Zerstreuung, Ihre öftere Niedergeschlagenheit ist mir sehr auffallend, und macht
mir wegen Ihnen wirklich Unruhe und Besorgnisse. Die Ursache davon werden Sie
hoffentlich nicht vor mir zu verschweigen suchen. Denn mir, als einem erfahrnen Mann,
kann so etwas unmöglich entgehen, und ich
müßte blind seyn, wenn ich nicht merkte, was
Ihnen fehlt.

Aug. (die beschämt und weinend zur Erde blikt)
Ich kann es freylich nicht läugnen, daß Ihr
Vetter einen Eindruk auf mein Herz gemacht
hat, und — daß ich ihm gut bin, und wünschte, durch ihn einst versorgt zu werden. Anfänglich suchte ich meine Neigung zu unterdrüken — aber, da mir mein Herz sagte, daß
er's doch so redlich meine, und da Sie selbst
wissen, daß ich bey meinem Vermögen eben
nicht zwischen vielen Männern werde zu wählen haben, so rechnete ich auf Ihre Güte,
und glaubte nicht, daß Sie zürnen würden,

wenn ich — meine Reigung nicht unterdrüken
könnte. Da er nun aber jezt weg ist, so
wollen sich mir allerhand Besorgnisse aufdrin-
gen, und daher mag wohl meine Traurigkeit
kommen.

Ich. Wenn Sie einst durch meinen Vetter wirklich glüklich werden können; so werde ich Ihnen gewiß nichts in Weg legen, ja ich werde
sogar dazu behülflich seyn, und alles thun,
um ihn zu einem Dienst auf dem Lande zu
verhelfen. Aber, überlegen Sie es selbst,
liebes Mädchen! wie ungewiß ist dieses! Und
wie lange kann es noch anstehen! und unterdessen — in einer Zeit von fünf bis sechs
Jahren — wollten Sie immer ein so trauri-
ges Leben haben? Sie, — ein sonst so mun-
teres Mädchen — wollten Sich nun einer
fast beständigen Niedergeschlagenheit überlassen? — wollten seufzen und weinen, wo Sie
munter zu seyn Ursache hätten? Sie wollten
Ihre Gemütsruhe einer Reigung aufopfern,
welche vielleicht nie befriedigt werden kann?
Sie wollten einen Wunsch in Ihrer Seele
nähren, der vielleicht nie in Erfüllung gehen
wird? Wär' das nicht Schade? Und gesezt
— der lezte Fall träfe ein: wären Sie nicht
das unglüklichste Mädchen? — — — — (Sie

konnte blos weinen — nicht antworten.) Aber
— was ist nun zu thun? So lange Sie glauben, daß es Ihnen unmöglich seye, Ihre
Neigung zu unterdrüken, so lange werden auch
alle meine Vorstellungen bey Ihnen vergeblich seyn.

Aug. Aber wie soll ich das machen? Steht es
denn in meiner Gewalt, einen Menschen nicht
zu lieben, der ein so gutes redliches Herz hat,
der sich schon so schöne Kenntnisse gesammlet
hat, der sich durch seinen Fleiß und gute Aufführung vor so vielen Studenten auszeichnet?

Ich. Was Sie da zu seinem Lobe sagen, ist
alles wahr, besonders gefällt es mir an ihm,
daß er so viel Sinn und Gefühl für die
Schönheiten in der Natur hat. Das ist mehrentheils eine gute Anzeige bey einem Menschen, und auch ich schäze ihn deswegen sehr.
Aber, daß er sich blos von seinen Empfindungen leiten läßt, ohne die Stimme seiner
Vernunft zu Rathe zu ziehen; daß er an keine Hindernisse und Schwierigkeiten denkt, die
ihm in den Weg kommen, und seinen Plan
vereiteln können; daß er die Schulmeister-
stelle, die er wünscht, so ansieht, als ob er sie
schon hätte, und daß er in seinem Briefe an
Sie im höchsten Grade schwärmt, das ist

auch wahr! Doch — Sie wollen wissen, wie
Sie es machen müssen, um Ihre Neigung ꝛc.
vor jezt zu unterdrüken? Und da will ich Ihnen einen gedoppelten Rath geben. Erstlich
stellen Sie sich täglich das Ungewisse bey dieser Sache recht lebhaft vor. Denken Sie oft
folgendes: Es muß ein Schulmeister sterben
— und unter den Kompetenten müßte gerade
diesen die Wahl treffen. Wie leicht ist es
aber möglich, daß um der Wittwe willen (wenn
sie noch in guten Jahren ist) derjenige gewählt
wird, der sie heyrathen will; oder daß ein
Sohn oder naher Anverwandter da ist, dem
die Stelle, auf die Bemühung des Pfarrers
und der Freundschaft dieses Sohns, gegeben
wird. Doch — gesezt, es gelänge ihm —
dann wäre er erst Dorfschulmeister — ich
aber will keine Dorfschulmeisterin werden. —
Wie weit unwahrscheinlicher ist es nun, daß
gerade nach 4—5. oder 6. Jahren ein Schulmeister in einem Städtchen stirbt, und daß
dann gerade auf den, den ich heyrathen möchte, die Wahl fällt, zumal da es dabey nicht
auf die Obrigkeit unserer Stadt, sondern auf
die dortigen Bürgermeister und Gerichtsmän-
ner ankommt, die immer auch ihre Vettern
haben, oder sich gar mit Geld bestechen las-

sen. Endlich will ich noch einen Fall sezen: Könnte nicht ein oder der andere Kandidat zu mir auf Besuch kommen — dem Sie gefielen? Wie sehr würden Sie es dann bereuen, wenn Sie Ihr Herz und Ihre Hand schon an meinen Vetter verschenkt hätten!

Aug. Ja! Sie haben Recht in allem, was Sie da sagen. Und ich will täglich solche Ueberlegungen anstellen. —

Ich. Zweytens, meine Liebe, rathe ich Ihnen, daß Sie gerade jezt Ihre Anverwandte in *** besuchen. Da werden Sie zerstreut werden, und das lebhafte Andenken an meinen Vetter wird sich täglich mehr verlieren.

Aug. O ich danke Ihnen recht sehr, mein theuerster Hr. Vetter! Wie Sie es doch so gut mit mir meinen! Ja — ich verspreche mir selbst den besten Erfolg hievon. —

So verließ sie mich dann recht ruhig und getrost, und besorgte ihre Geschäfte von nun an viel ordentlicher und sorgfältiger, wurde auch etwas munterer, und man konnte wieder, wie sonst, ein vernünftiges Wort mit ihr reden! Ich schrieb nun meine Predigt vollends nieder, und überlas sie ein paarmal: dann machte ich mir eine kleine Motion. Und bey meiner Zurükkunft schrieb ich an meinen Vetter, wie folget:

Mein lieber Hr. Vetter!

So sehr ich wirklich mit Geschäften über-
häuft bin: so kann ich doch nicht umhin, Ihnen auf Ihre zwey Briefe sogleich zu antworten. Ich sage — auf Ihre zwey Briefe. —
Denn auch den an meine Baase werde ich beantworten, weil ich es nicht für rathsam hielt,
ihr denselben in die Hände zu geben. Denn Sie
haben sich da ganz Ihrer erhitzten Einbildungskraft und ihren überspannten Empfindungen überlassen, so daß ich befürchten mußte, Ihr Brief
würde auf sie einen sehr schlimmen Eindruk
machen. Jezt, da Sie einige Tage wieder in
der Stadt sind, hoffe ich, Sie werden sich in
einer ruhigern Gemütsfassung befinden, und
fähig seyn, das vernünftig zu überlegen, was
ich Ihnen — aus Liebe zu Ihnen selbst, und
aus Liebe zu meiner Baase schreiben muß. Doch
ich gehe zu Ihren Briefen, und beantworte Zeile für Zeile. Sie schreiben mir: „Noch bin ich
mit meinen Gedanken mehr bey Ihnen und
auf dem Lande als in der Stadt!‟ das sollte
aber billig nicht so seyn. Da, wo man seine
Geschäfte hat, muß man auch mit all' seinen
Gedanken seyn; sonst verrichtet man sie nicht
mit der gehörigen Sorgfalt. Ueberhaupt muß

man mit seinen Gedanken da seyn, wo man
wirklich ist und lebt; sonst übersieht und überhört man manches, das sehr wichtig ist. Bey
einem Spaziergang mögen Sie sich immer mit
ihren Gedanken aufs Land versezen (nur nicht
zu lange bey der Erinnerung an meine Baase
verweilen). Aber, bey Ihren Geschäften und
im Umgang mit andern, müssen Sie mit ganzer Seele seyn. Das ist wahre Weisheit!
Uebrigens freuet es mich sehr, daß es Ihnen
auf dem Lande, und auch bey mir so wohl gefallen hat; es freut mich sehr, daß Sie so viel
Sinn und Gefühl für die Schönheiten in der
Natur haben, wovon Ihre Schilderungen ein
deutlicher Beweis sind; und ich gönne es Ihnen herzlich, wenn die Rükerinnerung und Ver-
gegenwärtigung an so manche angenehme Gegenstände in Ihrer ungünstigen Lage Ihnen gute Dienste leistet und sie ihnen erleichtert. Aber
— wie gesagt — diese Rükerinnerung gehört
eigentlich blos auf Ihre einsamen Spaziergänge.
— Bey der Erinnerung an meine Baase, wo
Sie unter andern sagen: „ich kann nicht umhin,
selig zu preisen den Mann u. s. w. fühlt man
es nur allzusehr, daß Liebe, schon ziemlich
tief eingewurzelte Liebe, Ihnen die Feder
geführt hat. Aber, mein lieber Hr. Vetter,

überlegen Sie es doch in einer ruhigen Ge-
müthsfassung, ob es klug ist, daß Sie diese
Liebe zu meiner Baase bey sich haben einwurzeln lassen, da Sie doch noch gar nicht wissen,
ob Sie im Stande sind, sie einmal glüklich zu
machen.

Geschieht das nicht, was Sie und meine
Baase hoffen und wünschen — und wie leicht ist
das möglich! — so sind Sie und meine Baase
unglüklich. Und meine Baase hat Ihnen doch
auch noch keine Erklärung von ihrer Liebe zu Ih-
nen gegeben. Aber schon jezt kann und wird diese
Neigung, die Sie so geflissentlich nähren, für
Sie schädlich seyn. Ich weiß gewiß, daß das
Andenken an meine Baase Sie oft mitten im Studiren und Lesen stören wird; und Sie werden
zulezt gar keine Freude mehr am eigentlichen
Studiren und an der Lektüre ernsthafter, und das
Nachdenken erfordernder Schriften verspüren.
Sie werden manche Stunde mit eitlen Phanta-
sien, mit bald angenehmen, bald unangenehmen
Vorstellungen vertändeln. Sie werden durch
Romane und Gedichte Ihre Einbildungskraft er-
hizzen, und Ihr Herz auf Kosten Ihres Verstandes beschäftigen. Ja! Sie werden wohl
gar manche Stunde, wo Sie etwas Nüzliches
thun könnten, aufs Versemachen verwenden.

Und, anstatt allmählig ein gesezter Jüngling zu
werden, werden Sie — verzeihen Sie mir den
Ausdruk — ein empfindsamer Gekk werden. —
Endlich wird's Ihnen wachend träumen, Ihr
Mädchen liebe Sie nicht mehr, oder sie sey Ihnen ungetreu, und dadurch werden Sie sich um
manche unschuldige und süße Freude des Lebens
bringen! O möchten Sie das doch recht be-
herzigen! Das, was weiter in Ihrem Briefe
folgt — Ihre schöne Zeichnung der Natur-Sze-
nen, und daß Sie dadurch zu freudiger Erfüllung Ihrer beschwerlichen Geschäfte werden ermuntert werden, hat mir sehr wohl gefallen,
und macht Ihrer Denkungsart wahre Ehre; so
wie ich mich auch über Ihren guten Styl herzlich gefreuet habe.

Aber — Ihr Brief an meine Baase — (denn
ich muß noch einmal darauf kommen) warlich!
— der ist ein völliger Ausbruch eines schwärmerischen Jünglings! Sie scheinen zwar blos
die Absicht zu haben, meiner Baase zu danken
für die vergnügten Stunden, die Ihnen ihr Umgang (vermuthlich auch ihre ganze Person *))
gemacht hat. Aber warum das Schreiben, da

*) ich meine nemlich den Anblik ihrer Bildung, ihres
   Wuchses, und ihres äusserlichen artigen Betragens.

Sie ihr schon mündlich bey'm Abschied sehr gerührt gedankt haben? Scheint es also nicht,
Sie wollten den Eindruk, den Sie vielleicht auf
sie gemacht, oder gemacht zu haben sich schmei-
cheln, dadurch noch mehr verstärken; ja wohl
gar ihr Gelegenheit geben, sich mit Ihnen in
einen Briefwechsel einzulassen? War dieß wirklich Ihre Absicht, so muß ich Ihnen abermals
sagen, daß Sie nicht sehr klug gehandelt haben.
Doch welcher Jüngling, wenn er verliebt ist,
handelt klug und vernünftig?

Nein! mein lieber Hr. Vetter! auf einen
Briefwechsel dürfen Sie nicht rechnen: denn
dieser wäre das gewisseste Mittel, wodurch bey
Ihnen und meiner Baase die Liebe immer mehr
einwurzeln müßte. Und das darf warlich! nicht
seyn! Es war also auch ganz unnöthig, daß
Sie ihr schrieben: „Tief, tief haben sie sich
eingedrükt in meine Seele alle die süßen Empfindungen u. s. w. Scheint dieß nicht eine Auf-
forderung an meine Baase zu seyn, daß sie Ihnen berichten solle, ob auch bey ihr etwas
Aehnliches vorgegangen sey? Endlich sagten
Sie: „Ich wage es nicht, Ihnen zu sagen,
was für ein Wunsch in dem Umgang mit Ihnen und durch Ihre holden Blikke in mir
rege wurde u. s. w. Und doch sagen Sie es ge-

rabe in diesen und den folgenden Zeilen so deutlich, als es nur gesagt werden kann. Und meine Baase müßte das allereinfältigste Mädchen
seyn, wenn sie das nicht verstünde. Zulezt noch
die Versicherung, daß Ihnen eine Thräne entfallen seye. Wie sich doch die verliebten Jünglinge Alle so gleich seyn können! Als wenn es
etwas so Wichtiges wäre, wenn ein empfindsamer Jüngling einige Thränen vergießt! — —
— — — — —

Ich überlas diesen Brief noch einmal, und
fand, daß ich sehr offenherzig und freymüthig
geschrieben habe. Aber ich hoffe, meine gute
Absicht hieben werde mich bey Ihnen hinläng-
lich entschuldigen. Ich rechne auch sehr auf
Ihr gutes Herz, und hoffe, anstatt über mich
böse zu werden, werden Sie mir danken, daß
ich Sie noch zu rechter Zeit zur Besinnung zu
bringen gesucht habe. Nur noch das muß ich
Sie bitten — so lieb mir sonst Ihr Besuch
wäre, es jezt wenigstens ein halbes Jahr damit anstehen zu lassen. Denn ich darf es Ihnen nicht ganz verschweigen, daß meine Baase
ein wenig von Ihrer Schwärmerey angesteckt
wurde, und das muntere Mädchen noch nicht
ist, das sie sonst war. Leben Sie wohl, und

schreiben Sie mir gelegentlich Ihre Gesinnungen. — — —

Ihr

wahrer Freund

K. Baumann, Pf.

Nachschrift.

Es sollte mir leid seyn, wenn ich Ihnen durch
diesen Brief Kummer gemacht hätte. Aber
glauben Sie mir, er wird, wenn Sie nur
ernstlich das Ihrige thun, bald vorüber gehen. Der Arzt, Sie wissen es, auch wenn
er der menschenfreundlichste und mitleidigste
Mann ist, kann nicht immer schonen. Be-
folgen Sie nur die Ihnen nöthige Diät!
und Sie werden gewiß bald genesen; das
heißt: Stellen Sie sich oft das Ungewisse Ihrer Hofnungen vor, und wie leicht Ihre Wünsche Ihnen fehlschlagen können. Halten Sie
sich nicht zu viel in der Einsamkeit auf! Und
dann studiren Sie etwas Ernsthaftes! Gewiß,
Sie werden der frohe, muntere Jüngling
wieder werden, der Sie zuvor gewesen sind.
Und Ihre Geschäfte werden Ihnen noch so
leicht werden. Ohnehin ist die treue Erfüllung unsrer Berufspflichten die sicherste Quelle
unsrer dauerhaften Freude und Zufriedenheit.

Zwanzigstes Kapitel.

Unserm Klugmann begegnet eine große Fatalität. Zween
andere brave Männer werden darein verwikelt. Die Sache nimmt zulezt für alle drey einen guten Ausgang.
Endlich — Bestätigung des Sprüchworts: Wer
dem Andern eine Grube gräbt rc.

Mein theuerster Hr. Pf.

Es ist doch eine sonderbare Beschaffenheit,
welche das menschliche Herz hat. Längst habe
ich mich davon überzeugt, daß es eine höchst-
weise Einrichtung des Schöpfers ist, daß er die
Einrichtung in der Welt gemacht hat; daß immer Freude und Leid mit einander abwechseln,
und der böse Tag stets auf den guten folgt. Und
doch — da sich dieß jezt an mir selbst bestätiget
hat, wollte mir die Weisheit und Güte des
Schöpfers gar nicht einleuchten. Ich war vielmehr fast unwillig darüber, wie er es boshaften Menschen zulassen könne, daß sie den guten,
oder die sich doch gut zu seyn bestreben, so viel
Verdruß machen dürfen, daß sie ihnen auf so
mancherley Art schaden, ja wohl gar auf eine
Zeit lang sie um die Achtung ihrer Nebenmenschen bringen können. Doch ich will jezt nicht
moralisiren, sondern Ihnen die große Fatalität

erzählen, welche mir erst kürzlich begegnet ist,
und worein noch, ohne meine Schuld, zween
andere rechtschaffene Männer verwikelt wurden.
Ich weiß, Sie werden erstaunen, wie die Bosheit und Rachsucht gewisser Leute so weit gehen
kann. Mir war diese Fatalität um so empfind-
licher, da ich mir keiner Beleidigung irgend eines meiner Nebenmenschen, ja nicht einmal einer kaltsinnigen oder unfreundlichen Begegnung
in Absicht auf die, die mir nicht gut sind, bewußt war, und auch sonst so zu handeln und zu
wandeln suche, daß ich niemand vor den Kopf
stoße. Und doch hatte ich, wie Sie sehen werden, Feinde, und zwar solche Feinde, die mich,
wenn es auf sie angekommen wäre, in das grö-
ste Unglük gestürzt hätten. Doch — zur Sache!

Sie werden wohl nicht errathen, was meinen Feinden Veranlassung gegeben, sich an mir
zu rächen, und was ihre bisher in der Asche
glimmende Rachbegierde gleichsam in Flammen
sezte. Warlich nichts anders als die Einrichtung meiner Lesebibliothek — und dann ein of-
fenherziges Wort, das mir einmal in einer Gesellschaft, wo ich keinen Auflaurer vermuthete,
entfallen war.

Ich hatte in einem kleinen schriftlichen Aver-
tissement die Absicht, die ich bey Errichtung

meiner Lesebibliothek habe, und den Nuzen, der
daraus entstehen könnte, angegeben, ohngefähr
mit eben den Worten, dergleichen ich mich lezthin bey Ihnen bediente, da hiervon die Rede
war. Da nun der, welcher ein böses Gewissen
hat, bey allem, was andere sagen, glaubt,
man rede von ihm, so stieg ihm auch die Stelle
in den Kopf, wo ich sagte: „Anstatt im Wirthshaus das Geld zu verspielen, oder unanständige
Gespräche anhören zu müssen" u. s. w. und sie
glaubten nicht anders, als ich hätte damit, (wie
sie' sich ausdrükten, auf sie gestichelt. Eben so
hatten sie auch erfahren, daß ich irgendwo Je-
manden, der mich nach der Ursache meines Weg-
bleibens von ihrer Gesellschaft gefragt hatte, geradehin geantwortet: „ihre unverständigen Gespräche über die Religion hätten mich geärgert."
Da sie nun schon lange böse über mich waren,
daß ich von ihrer Gesellschaft wegblieb, und ihnen ihr Gewissen ohne Zweifel sagte, was die
Ursache hievon sey, so war das für sie eine erwünschte Veranlassung, etwas aufzuführen, was
sie mir als sträflich zur Last legen könnten. Und
dieß findet der verschlagene Bösewicht sehr leicht.
Um aber der Sache ein recht wichtiges und ge-
fährliches Ansehen zu geben, wußten sie einen abgesezten Juristen zu bereden, ihnen eine Klag-

Schrift wider mich aufzusezen. Diesem
Mann war sein Gewissen und der gute Name
seines Nächsten um Geld feil. Dabey spielte
er den Orthodoxen. Sobald er also glaubte,
es könnten durch Jemand unmittelbar oder mit-
telbar Meinungen verbreitet werden, welche gegen den Lehrbegriff der Lutherischen Kirche an-
zustoßen schienen, so sagte er, er finde sich in
seinem Gewissen verpflichtet, diesem Beginnen
aus allen Kräften entgegen zu arbeiten. Nun
befindet sich unter den Büchern meiner Lese-
Bibliothek, wie Sie wissen, auch Elias Klaprose, Exmagister ꝛc. nebst noch einem, wovon
sie einen unserer Landgeistlichen für den
Verfasser hielten, und in dem sie gleichfalls
abweichende Meinungen zu finden glaubten.
Auf diese Schriften machten sie also den be-
nannten Juristen aufmerksam. Er las sie sogleich, und war ganz ihrer Meinung, daß in
diesen Büchern, besonders in Elias Klaprose seelenverderbliche und grundfalsche Meinungen enthalten seyen. Und so war also sein Entschluß, meinen Feinden — zween der boshaftesten
Männer — in ihrer Bitte um eine Klagschrift
zu willfahren, vest. Ich wurde nun zu meinem
großen Erstaunen vor den regierenden Stadtbür-
germeister citirt; und wie noch größer war mein

Erstaunen, als er mir durch seinen Aktuar folgende Klagschrift vorlesen ließ, auf die ich mich,
wie es mir beliebte, schriftlich oder mündlich
verantworten sollte.

„Der Bürger, Heinrich Klugmann, Buch-
„binder und seiner Zunft Vorgesezter allhier,
„hat sich nicht nur unterfangen, ohne vorher
„bey einer hohen Obrigkeit anzufragen, und
„anzuhalten, eine Lesebibliothek zu errichten,
„da doch billig hierzu ein ordentlicher Lehrer
„gleichsam als Censor hätte erwählt werden
„sollen, sondern er hatte auch einige Schrif-
„ten gewählt, in denen irrige, und gefährli-
„che Religionsmeinungen enthalten sind. Da
„nun einer hohen Obrigkeit vieles daran ge-
„legen seyn muß, daß unsere Mitbürger beym
„alten theologischen Lehrbegriff unserer Evan-
„gelisch Lutherischen Kirche verbleiben, so wie
„derselbe der heil. Schrift gemäß in der
„Augsburgischen Confession und den übrigen
„Bekenntnißbüchern dargestellt ist, jene Mei-
„nungen aber (welche sich namentlich vorzüg-
„lich in Elias Klaprose, und in noch einem
„andern, wovon einer unserer Landgeistlichen
„für den Verfasser gehalten wird, befinden)
„denselben gerade entgegen sind, und also zu
„befürchten steht, daß doch diese Schriften

„viele unserer Mitbürger verführt, und zur
„größten Irreligiosität verleitet werden möch-
„ten: so habe ich mich theils auf das An-
„suchen zweyer Bürger, theils aus eigenem
„Gewissensantrieb bewogen gefunden, solches
„einem hochlöblichen Burgermeisteramt unter-
„thänig anzuzeigen, damit Hochdasselbe gegen
„den Klugmann und jenen Landgeistlichen die
„gehörigen Maasregeln ergreifen kann. Auch
„der Buchhändler, der solche Schriften öffent-
„lich verkauft, verdient, meines Erachtens, ei-
„ner scharfen Correction, und es dürfte ihn der
„fernere Verkauf solcher Schriften gar wohl
„verboten werden. Der ich übrigens 2c. 2c. ;

N. den 25. Febr.
1795.

Albrecht X. Advokat.

Ich wollte anfangen zu reden; da sagte der
Burgermeister: es ist zwar unschiklich, daß sich
der Jurist in dieser Sache an mich gewendet
hat, da er sich an unser Konsistorium hätte wen-
den sollen. Inzwischen dachte ich, es ist im
Grunde einerley. Will Er sich nun verantworten, so will ich Seine Verantwortung dem Konsistorium zuschiken — nebst einigen Zeilen von
mir. Denn ich kenne Ihn als einen unserer

rechtschaffensten Bürger, und fürchte, es möchte hierunter irgend ein böser Mensch, der Sein
Feind ist, verborgen seyn.

Das war nun ganz aus meinem Herzen gesprochen, und machte mir um so mehr Muth,
zu meiner Verantwortung, die ich, wie ich sagte, gleich Morgen aufsezen und einreichen wolle. Diese lautet nun kürzlich also:

Ich erstaune billig, daß mir — — solche
Dinge zur Last gelegt werden, wegen deren
ich gar nicht verantwortlich bin. Ich habe
eine Anzahl von Büchern in meine Lesebibliothek gewählt, welche sämmtlich im ganzen
Deutschen Reich, und unter Vorwissen der
Fürsten und Obrigkeiten von allen Buchhändlern verkauft werden dürfen. Dürfen sie aber
verkauft werden, so darf ich sie auch lesen
lassen, und bey meinen Mitbürgern in Umlauf
bringen. — Und das um so mehr, da ich
voraussezen darf, und voraus seze, daß sie
unter obrigkeitlicher Censur gedrukt worden
sind. Mag immerhin eines und das andere
dieser Censur entgangen seyn, das darf ich
billig ignoriren, und das geht mich nicht an.
Denn ich kann ja nie wissen, welche von
diesen Büchern die Censur nicht passirt haben.
Was aber den Inhalt dieser Bücher anlangt, so

kann ich mich als Laye gar nicht in eine Beurtheilung derselben einlaſſen. Ich begehre alſo
das von jenen Bürgern und jhrem Advokaten
ſo ſehr verſchriene Buch „El. Klaproſe,, nicht
zu vertheidigen; d. h. ich kann die hin und
wieder vorkommenden Abweichungen vom Lu-
theriſchen Lehrbegriff nicht in Schuz nehmen.
Weil ich aber manche ſehr heilſame Wahrheiten darinnen antraf, und weil es einer unſerer beſten Romane iſt, deswegen habe ich
ihn gewählt. Das andere Buch aber enthält
gar nichts Unrichtiges, und ich glaube nicht
einmal, daß einer unſerer Landgeiſtlichen der
Verfaſſer davon iſt. Daß ich aber bey meinen hohen Obern nicht angefragt habe, ob ich
eine Leſebibliothek aufrichten dürfe, davon iſt
die wahre Urſache dieſe, weil ich es nicht für
nöthig hielt. Denn im Grunde iſt's ja einerley, ob die Bücher, die nun einmal
zum Verkauf da ſind, von mir oder von
andern Bürgern gekauft und in Umlauf gebracht werden. Uebrigens iſts augenſchein-
lich und offenbar, daß bey der ganzen Sache
Rachgier im Spiel iſt. Und ich bin Bürge
dafür, daß die zween Bürger keine andern
als F. und G. ſind, die ich dadurch vor den
Kopf ſtieß, daß ich von ihren Geſellſchaften

wegblieb, in denen mich ihre unverschämten
Räsonnements über die wichtigsten Rel. Wahrheiten ärgerten. Und dann glaubten sie, ich
habe in meiner Nachricht, die ich bey Errichtung meiner Lesebibliothek unter einigen meiner Mitbürger circuliren ließ, auf sie gestichelt. Auch äußerte ich irgendwo meinen
Unwillen über ihre unanständigen Rel. Gespräche. Und das ist ihnen wieder zu Ohren
gekommen. Hätte das der Advokat gewußt,
vielleicht hätte er sich doch von ihnen zu keiner Klagschrift wider mich bewegen lassen;
denn er hat Schande davon. Jedermann,
der mich genau kennt, weiß es, wie heilig
mir die Religion und das Christenthum ist,
und daß ich also der Mann nicht bin, welcher irrige und schädliche Rel. Meinungen zu
verbreiten sucht, oder zu ihrer Verbreitung etwas beytragen will. Ob aber in jenen Büchern wirklich so schädliche Meinungen enthalten sind, als X. glaubt, dieß muß meines
Erachtens von mehrern gelehrten und rechtschaffenen Geistlichen, nicht aber von einem
Manne, wie der Advokat ist, entschieden werden. Da ich nun, wie Euer rc. rc. sehen, in
dieser ganzen Sache gar nicht sträflich gehandelt habe, doch aber bey manchem meiner

Mitbürger in übeln Verdacht käme, weil ich
obrigkeitlich belangt worden bin, mir aber an
meiner Ehre, wie billig, alles gelegen seyn
muß: so bitte ich Euer re. auch hiermit, mir
die gehörige Satisfaction zu verschaffen; der
ich re. re.

N. den 26. Febr.
1795.

Heinrich Klugmann,
Buchbinder u. meiner Zunft
Vorgesezter.

Diesem Schreiben legte ich auch meine Nachricht
bey, die ich unter meinen Mitbürgern circuliren ließ.

Nachdem ich beym Hrn. Burgermeister ab-
gefertiget war, kam der gleichfalls vorgefor-
derte Buchhändler. Dieser war aber bald fertig. Denn auf das, was ihm vorgehalten wurde, antwortete er in aller Kürze: wenn es sonst
nichts seye, als dieses, so hätte man ihn nicht
inkommodiren dürfen. Er verkaufe keine andere Bücher, als die in allen Städten des
Deutschen Reichs von allen Buchhändlern verkauft werden dürfen, ohne daß ihre Fürsten
oder Obrigkeiten ihnen etwas in Weg legten.
Und er müßte heute noch seine Buchhandlung
zuschließen, wenn es bald diesem, bald jenem

unverständigen oder bigotten Mann einfallen
würde, zu sagen, dieß und jenes Buch enthalte
irrige Meinungen. Es kämen täglich dergleichen
zum Vorschein, aber dann gäbe es gleich wieder
andere, worinn diese irrige Meinungen wider-
legt werden. Uebrigens hoffe er, jene zween
Bürger, die, wie er schon wisse, aus bloßer
Rachgier gehandelt, werden gehörig bestraft,
und den abgesezten Juristen werde es scharf un-
tersagt werden, sich nicht fernerhin zu einem
Werkzeug brauchen zu lassen, ehrliche Leute in
übeln Ruf zu bringen.

Endlich kam auch der Landgeistliche. Auch
dieser ward bald fertig. Er sagte: daß er zwar
nicht Verfasser von jener Schrift seye; daß er
sich aber nicht schämen dürfte, diese Schrift
verfertigt zu haben; übrigens sey es ihm doch
auffallend, daß man ihm so was ohne allen
Beweis Schuld gebe. Auch könnte es über kurz
oder lang geschehen, daß er ein Buch druken
lasse. Kämen nun darin abweichend scheinende
Meinungen vor, so seye er dafür dem Publikum und den Kunstrichtern verantwortlich, nicht
aber seiner Obrigkeit. Denn einem Schriftsteller müsse es immer frey stehen, seine Pri-
vatmeinungen dem Publikum zur Prüfung
vorzulegen. Nur in dem Fall könne ihm sein

Konsistorium zur Verantwortung ziehen, wenn
er als obrigkeitlich angestellter Lehrer
vor seiner Gemeinde auf öffentlicher Kanzel oder in Katechismus-Lehren dergleichen abweichende Meinungen vortrage. Dieß werde
man ihm aber nie zur Last legen können, und
er würde sich in solchem Fall getrost theils auf
seine Predigt-Konzepte, die er alle vorzeigen
könne, theils auf seine Gemeinde selbst beru-
fen. Aber selbst in diesem Fall, sezte er noch
hinzu, sollte es heutzutag ein Konsistorium
nicht so genau nehmen, indem die Schriftaus-
legung und Philosophie auf einen so hohen Grad
der Vollkommenheit gestiegen sey, daß ein den-
kender Theolog mit den Verfassern unserer Be-
kenntniß-Bücher nicht wohl in allen Stüken
gleichförmig denken könne. Doch diese Aeußerung bitte er blos als seine Privatmeinung, die
er allenfalls seinem Konsistorium zur Prüfung
vorlege, anzusehen. Diese Verantwortung bäte
er dem Konsistorium bekannt zu machen.

Nach Verfluß von fünf Tagen wurde ich
abermals vor den regierenden Amts-Bürgermei-
ster citirt. Als ich kam, standen schon auch
meine zwey Feinde, nebst dem niederträchtigen
Juristen da, die aber nicht Muth genug hatten, mich anzusehen, sondern ihre Augen be-

schämt auf die Erde hefteten. Dann fieng der
Bürgermeister an: Es ist mit den hier stehen-
den Bürgern ein scharfes Verhör vorgenommen,
und in demselben befunden, auch selbst von ihnen eingestanden worden, daß bloße Rachsucht
sie verleitet habe, Ihme schaden zu wollen; dagegen ist uns ihr unanständiges Verhalten in
dem Wirthshause, wo sie gewöhnlich alle Montage zusammen kommen, bekannt gemacht worden. Sie sollen Ihn daher jezt um Verzeihung
bitten, und Ihn als einen ehrlichen und rechtschaffenen Mann erklären, mit dem Versprechen,
Ihn in Zukunft auf keine Art mehr zu kränken.
Dabey aber sollen sie noch 2 Tage in unser
öffentliches Gefängniß kommen, und ihnen nichts
als Wasser und Brod gereicht werden. Ihm,
dem Juristen, aber, der als abgesezt, es sich
doch beygehen ließ, sich auf eine solche Art gebrauchen zu lassen, wird hiermit die Erlegung
einer Summe von zehen Gulden, welche er in
unser Arbeitshaus abzugeben hat, aufgelegt, und
wofern er sich noch einmal zu einem solchen Geschäfte brauchen lassen wird, soll er selbst dahin
promovirt werden. Uebrigens bezeuge ich Ihm,
Klugmann, meine ganze Zufriedenheit über Seine aus so lautern Absichten aufgerichtete Lese-
Bibliothek, so wie über Seinen anständigen und

exemplarischen Lebenswandel. Dem Buchhänd⸗
ler wurde ein vom Aktuar ausgefertigtes Schrei⸗
ben folgenden Inhalts zugeschikt.

Hätte man Uns nicht bereden wollen, als
ob Sie freygeisterische, und solche Bücher im
Verlag und zum Verkauf hätten, wodurch un⸗
sere Bürger zu aufrührerischen Gesinnungen
könnten gebracht werden, ja, wo sogar einig⸗
Obrigkeits⸗Personen angegriffen und sehr deut⸗
lich als schlecht geschildert werden: so hätten
Wir Sie nie inkommodirt. Wir erklären Sie
also für einen unster würdigsten Bürger, der
darauf bedacht ist, allgemein nüzliche Schrif⸗
ten in Seiner Vaterstadt in Umlauf zu brin⸗
gen. Hingegen ist den zween Bürgern und
dem Juristen das Nöthige gesagt, und die
verdiente Strafe zuerkannt worden; womit
Sie, wie wir hoffen, vollkommen zufrieden
seyn werden. ꝛc. ꝛc.

Bürgermeister⸗Amt
zu N.

An den angeklagten Landgeistlichen aber wür⸗
de vom Konsistorium folgendes Schreiben abge⸗
sandt, welches der Denkungsart dieser Männer
so große Ehre macht, daß es wohl öffentlich be⸗
kannt gemacht zu werden verdient.

Wohlehrwürdiger Hr. Pf.

Anstatt daß man Ihnen schaden, und Sie in den Ruf der Heterodoxie bringen wollte, hat man uns Gelegenheit und Veranlassung gegeben, Uns gerade nach Ihrer Person und nach Ihrem Charakter zu erkundigen. Und da haben wir dann von glaubwürdigen Personen vernommen, daß wir an Ihnen einen unsrer würdigsten Landgeistlichen haben, der nicht, wie so manche, seine Hände in den Schoos legt, oder den Bauern spielt, oder gar einen anstößigen Wandel führt; sondern einen Mann, der seine in vorigen Jahren gesammelte schöne Kenntnisse noch immer zu vermehren und zu berichtigen sucht, und der sich eben sowohl durch seine schönen und erbaulichen Predigten, und Treue im Amt, als durch einen ganz exemplarischen Wandel auszeichnet. Weswegen Wir nicht unterlassen werden, Sie zu einiger Aufmunterung bey nächster Gelegenheit auf eine bessere Stelle zu befördern.

Mit Ihrer Uns zugeschikten Verantwortung sind wir ganz wohl zufrieden. Nur wünschten wir (befehlen es aber nicht), wofern Sie etwas theologisches schreiben sollten, Uns das Manuscript vor dem Abdruk zuzuschikken, nicht

als ob Wir darinn etwas vermutheten, was den
Hauptlehren der Religion entgegen wäre, sondern damit Ihre Feinde Ihnen um so weniger
etwas anhaben können. Werden Sie fortfahren, der Lehre Jesu und seiner Apostel,
so weit Sie dieselbe nach anerkannt guten Aus-
legungs-Schriften und gesunder Philosophie
verstehen können, gemäß zu lehren, so werden
wir nie einer allenfalls einkommenden Klage
gegen Sie Gehör geben. Wir versichern Sie
also unserer vollen Zufriedenheit. 2c. 2c. 2c.

N. den 3. März
1795.

Obrigkeitlich verordnete
Mitglieder des Konsistoriums
zu N.

Nachschrift.

So eben erfahre ich, daß der eine von jenen
zween Bürgern des Ehebruchs halben angeklagt worden, und der andere als ein un-
treuer Vormund armer Waisen, und daß beyde auf mehrere Jahre in unser Arbeitshaus
kommen werden. So wahr ist das Sprüchwort: Wer andern eine Grube gräbt, 2c. 2c.
Nicht als ob ich mich hierüber freuete; aber
lieb ist mir's eben doch, daß ihre Bosheit,

und meine Unschuld an's Licht gebracht wurde. Leben Sie wohl!

H. Klugmann.

Auch kann ich nicht unbemerkt lassen, daß
es mir ganz unbegreiflich ist, wie die Bosheit
und Dreistigkeit bey einem Menschen so gar weit
gehen kann. Sollte man es wohl glauben, und
doch ist's gewiß, daß eben die Männer, welche
schlechterdings keine Religion haben, ja, welche auf das unanständigste über die Religion
spotten, sich doch erfrechen können, den Schein
der Religiosität und des Eifers für die Reinig-
keit der Kirchenlehren anzunehmen? Und welcher Widerspruch! Man weiß, daß man einem
Manne, der Religion hat, eher glaubt, und
glauben darf, als dem, der keine Religion hat.
Und doch will man keine Religion haben. Man
möchte gern für einen ehrlichen Mann gehalten
werden; und will sich doch die Eigenschaften
nicht erwerben und geben, die zu einem ehrlichen Manne gehören. Und doch ist's weit leichter und seeliger, beydes zu seyn, ein ehrlicher
und ein religiöser Mann — es ist leichter, weil
der ehrliche Mann keine böse Anschläge aus-
dichten, und keine krummen Wege gehen darf.
Es ist aber auch seeliger: denn es kann keine

Furcht und Angst ihn beunruhigen; er kann
Jedermann getrost in's Angesicht sehen und unter die Augen treten — und er darf auch eher
hoffen, seine Absichten zu erreichen: da sich
hingegen der schlechte Mann gar oft selbst in
das Nez verstrikt, das er für andere ausbrei-
ten wollte, und in gewissen Stunden, wo nemlich sein Gewissen erwacht, von einer solchen
Angst überfallen wird, daß er zu allem Nachdenken unfähig ist, und sich oft da nicht helfen kann, wo jeder andere, der bey ruhigem
Nachdenken ist, sich noch helfen könnte. Doch
— so sollte es seyn — und Gott läßt solche Leute
irgend ein Unglük erfahren, oder in Schande
und Armuth gerathen, weil dieß noch das e i n-
zige Mittel ist, wodurch sie zum Nachdenken
kommen, und zu ihrer Besserung geleitet werden können; wie davon der böse Untervogt
in Lienhard und Gertrud ein so merkwürdiges
Beyspiel ist.

Einundzwanzigstes Kapitel.

Wes das Herz voll ist, davon geht der Mund über. Oft
wirkt die Kraft des guten Beyspiels, da, wo wir es nicht
vermuthet hätten. Auguste kommt als Braut
zurük, und mein Vetter wird ver-
nünftiger.

Fröhlichs Herz war so voll von „Lienhard
und Gertrud" und von alle den lehrreichen
Szenen, die darinn so ganz wahr und nach
dem Leben dargestellt sind, daß er nicht umhin
konnte, selbst im Wirthshause sein Herz darüber
auszuleeren. Er sprach freylich ein wenig durch
einander, so wie ihm etwas daraus beyfiel; aber
er machte doch alle Gäste aufmerksam, und sie
ließen nicht nach, bis er ihnen eines und das
andere daraus erzählte. Da erzählte er ihnen
bald von dem lieben leutseeligen und menschen-
freundlichen Hrn. von Arner, und von seiner gros-
sen Fürsorge für seine Unterthanen, wo es dann
freylich nicht an allerhand Anwendungen fehlte:
z. E. Ja — so sollten wir auch Obrigkeiten haben und dergl., bald vom rechtschaffenen Mäu-
rer Lienhard, wie er aus einem leichtsinnigen
Mann ein braver Gatte und Hausvater geworden, wie er dann von dem gnädigen Herrn her-
vorgezogen, und wegen seiner Einsichten, Akku-
rateße und Ehrlichkeit so geschäzt worden seye;

dann was er für ein liebes frommes Weib gehabt, und wie diese in die Herzen ihrer Kinder auf eine so herrliche Art den Saamen der
Weisheit und Gottesfurcht ausgestreuet; wie sie
so andächtig mit ihnen gebetet; wie sie dieselben so liebreich als ernstlich an ihre Fehler erinnert, und davon abzubringen gesucht habe —
dann vom Rudi, und seiner sterbenden Mutter;
dann vom Erzbösewicht, dem Vogt Hummel und
seinen vielen Schelmenstreichen und was es endlich für einen üblen Ausgang mit ihm genommen, und wie sich da der Hr. Pfarrer so viel
Mühe gegeben, ihn zur wahren Erkenntniß und
Reue zu bringen, und wie der arme Rudi durch
den gnädigen Herrn und dem Hrn. Pfarrer wieder zu seiner Hausmiethe gekommen sey. Alle
hatten ihn bisher still und aufmerksam, wie
wenn sie in der Kirche wären, zugehört. Jezt
aber waren sie ganz Ohr, als er ihnen den son-
derbaren Vorfall erzählte, wie er mitten in der
Nacht auf einen Berg gegangen, um den gnädigen Herrn einen Markstein zu versezen, wie
er da geglaubt habe, der Teufel wolle ihn holen, welches aber der Hühnerträger gewesen,
der ihn in einen heilsamen Schrekken habe ver-
sezzen wollen u. s. w. Denn das war recht eigentlich eine Erzählung für's Volk, dergleichen

unsere Romanschreiber mehrere ihren Erzählungen einverleiben sollten, weil durch diese dem
Aberglauben weit kräftiger gesteuert wird, als
wenn derselbe nur mit trokenen Worten angegriffen und lächerlich gemacht wird. Einstimmig
sagten endlich alle: Ey! das Buch müssen wir
auch lesen! — Und eben so erzählte er ihnen
ein andermal aus der „Geschichte des Dörfleins Traubenheim!" Und so machte er in
ihnen die Lust zum Lesen rege — und in wenigen Monaten war Bekers Noth- und Hülfsbüchlein und Zerrenners Volksbuch und mehrere
vorhin unten angezeigte Bücher unter ihnen im
Umlauf. Das freute denn unsern Fröhlich ausnehmend — zumal, da ich ihn nachher, wie ers
verdiente, deswegen lobte. Noch größer aber
war seine Freude, als er eines Abends erfuhr,
wie seine Kinder und Pflegkinder einigen armen
Kindern im Dorf, ohne daß man sie dazu ermuntert hatte, schon zum öftern ihr Abend-
brod gebracht hätten. Er sezte sie darüber zur
Rede. Thränen der Freude glänzten in seinen
Augen: Liebe Kinder! was habt ihr mir doch
für eine Freude gemacht mit eurer Gutthätigkeit! das ist schön, das ist herrlich! Aber —
wie seyd ihr doch auf den guten Einfall gekommen? Ganz natürlich! antwortete seine acht-

jährige Tochter. „Der liebe Vater hat ja letzt
hin der Mutter von des braven Maurers —
wie hieß er doch? Lienhards — braven Kindern
vorgelesen, wie diese auch einigen armen Kindern Brod zubrachten. Das hat uns so gar
wohl gefallen, und sogleich haben wir uns vorgenommen, es auch so zu machen.“ — O Gott!
wie hätte ich das denken können, sagte der Vater, daß ihr auf das, was ich eurer Mutter
vorgelesen, aufmerksam würdet! Es war schon
etwas spät, und ich glaubte, weil ihr dort auf
der Bank saßet, ihr wäret alle schon schläfrig.
— „O nein! lieber Vater, antwortete sein sechs-
jähriger Sohn. Das Buch, woraus Du der
Mutter vorgelesen, ist viel zu schön, und wir
freuen uns allemal, wenn wir nicht gleich nach
dem Essen in's Bett gehen müssen, und Du
dann anfängst zu lesen.“ — So stark ist also die Kraft des Beyspiels; so wirkt es
oft da, wo wir es am wenigsten vermu-
then! — Freylich das böse Beyspiel, wie das
Gute! O daß sich doch alle Eltern und Er-
wachsene dieses merkten, und sich sorgfältiger in
Acht nehmen möchten, nichts zu reden und zu
thun, wodurch die Jugend, auch die kleinsten
Kinder geärgert werden können! O möchten sie
den redlichen Vorsatz fassen, in der Gegenwart

ihrer Kinder recht viel Gutes zu reden und zu
thun! Aber noch eine Bemerkung muß ich hier
machen. Ist nicht dieser Vorfall abermals ein
deutlicher und augenscheinlicher Beweis von der
Wahrheit, auf deren Beherzigung unsere neuern
Erzieher so sehr dringen, daß nemlich der Religions-Unterricht bey Kindern ganz
historisch seyn sollte? Ist nicht das, was
Fröhlichs Kinder thaten, ein deutlicher Wink
für alle Eltern und Lehrer, ihren Kindern gleich
in ihrer Kindheit leichte, schöne, und lehrreiche
Erzählungen vorzutragen. Ja! dadurch würde
weit mehr ausgerichtet werden, als durch den
so trokenen als langweiligen Dozententon, für
den sich die Kinder gar nicht interessiren, der also auch keinen bleibenden Eindruk auf ihre Herzen machen kann *). —

Meine Baase kam nun wieder von dem Be-
suche bey ihren Anverwandten zurük. Aber,

*) Auch ich fand diese Wahrheit bey dem Unterricht
meiner Kinder bestätiget, als ich Salzmanns Mora-
lisches Elementarbuch, und Campe's Robinson, und
Rochow's Kinderfreund mit ihnen las. Jedesmal
freuten sie sich da auf die Lehrstunde, und ich durfte sie nicht ein einzigesmal zur Aufmerksamkeit
ermuntern. Auch hatte ich davon den deutlich-

welche Veränderung in ihren Mienen, und in ihren Gesichtszügen, und Reden, kurz in ihrem ganzen Wesen, war an ihr wahrzunehmen! Ich merkte es ihr gleich an, daß es ihr nicht nur, wie man zu reden pflegt, gut ergangen, daß sie einige frohe Tage in dem Zirkel mit ihren Freundinnen zugebracht hatte, sondern, daß ihr ein besonderes Glük müste wiederfahren seyn. Heiter lächelnd, wie die Sonne, wenn sie uns nach dem verschwundenen Nebel, wieder mit ihren Stralen anlächelt, blikte sie umher. Hohe Freude glänzte auf ihrer Stirne und aus ihren seelenvollen schönen Augen. Kurz — sie war schön und lieblich und freundlich wie — eine Braut! — Und — das war sie seit der Zeit wirklich geworden. Sie hatte unter andern auch ein Paar Freundinnen besucht, deren Bruder ihr im Herzen schon lange gut gewesen war, wegen seines schüchternen Charakters aber nicht das Herz gehabt hatte, sich von seiner

sten Beweis, da ich dann und wann ein Examen über das, was ich ihnen vorgelesen, oder was ich sie hatte lesen lassen, anstellte. Auch die kleinsten Umstände, wenn ich ihnen nur einen Wink dazu gab, hatten sie sich gemerkt. Aber freylich muß man auch im rechten Ton und nicht im gewöhnlichen Schulmeißerton lesen.

Neigung etwas merken zu laſſen. Ueberhaupt
war er, wie man zu reden pflegt, kein Welt-
menſch, wiewohl auch kein Pietiſt; im Grunde
aber ein ſehr guter und ehrlicher Menſch, nur
nicht ſo belebt, und ſeine Sitten nicht nach der
neuen Mode geformt. Doch hätte er zu ſeinem
Metier (er war ein Konditor und Handelsmann)
wirklich etwas abgeführter ſeyn ſollen. Das
fühlte er ſelbſt, daher er ſich eben eine Gattin
wünſchte, welche einen recht guten Verſtand,
einige Welt- und Menſchenkenntniß beſize, und
mit den Leuten umzugeben wüßte u. dergl. Und
dieſe fand er wirklich an meiner Baaſe. Er befand ſich in guten Glüksumſtänden, und hatte
ſeine Profeſſion als Konditor gut erlernt, auch
hatte er ſich wegen der vortheilhaften Lage des
Landſtädtchens, in dem er wohnte, und welches
an der Landſtraße lag, eine ſchöne Kundſchaft
zu verſprechen. Es hatte ſich daher eine be-
nachbarte Jungfer von einem hübſchen Vermögen bey ihm antragen laſſen. Da er aber erfuhr, daß ſie nicht nur ſehr modiſch ſeye, und
alle neue Kleidertrachten nachmache, auch die
Geſellſchaften im höchſten Grad liebe, und gar
nicht gern zu Hauſe bleibe: ſo glaubte er mit
Grunde, daß ſie ſich für ihn gar nicht ſchikke,
ja, daß ſie ihn in Kurzem als einen unbelebten

und allzu ernsthaften Mann geringschäzen würde.
Hingegen dachte er — eine Waise, die ein klei-
neres Vermögen, aber andere gute Eigenschaften besizt, wird mich viel glüklicher machen.
Auch seine Schwestern, die sich meine Baase
schon lange zu ihrer Schwägerin gewünscht hatten, redeten ihren Bruder Karl zu, daß er doch
diese wählen sollte. Und so ließ er also der Erstern absagen; verdoppelte aber seine Freundlichkeit gegen meine Baase, und ließ ihr seine
Neigung sehr deutlich merken. Bruder! sagte
endlich seine älteste Schwester! Es wird am
beßten seyn, wenn du jezt heyrathest — und
wen könntest du zu deinem Glük, und nach deiner Gemütsart anders wählen, als diese unsre
Freundin, der du doch im Herzen schon lange
gut warest? Ich bin eben der Meinung, sagte
die andere Schwester. — Wenn ich hoffen darf,
sagte er nun zu meiner Baase, die ihm gerade gegenüber saß, daß Sie mich lieben, und nicht blos
um meiner Glüksumstände willen mich wählen
werden, so werde ich mich sehr glüklich schäzen, wenn Sie mir Ihre Hand geben. Und
meine Baase wird ihm, wie man sich leicht vorstellen kann, durch Ihre Blikke mehr als durch
Worte gesagt haben, daß er sich von Ihr alles

Gute versprechen dürfe. Und so gaben sich die Verlobten die Hand, und bestätigten ihr Bünd= nis durch einen warmen Kuß.

O wie danke ich Ihnen nun, bester Herr Vetter, sprach sie zu mir, als sie ihre Erzäh= lung geendiget hatte, daß ich Ihren mir lezthin gemachten Vorstellungen gefolgt habe. Wie würde mich nun eine Verbindung mit Ihrem sonst recht guten Vetter reuen, wenn ich jezt erfahren hätte, daß ich weit glüklicher hätte werden können. Denn zu einem Bruch mit Ih= rem Vetter, wenn ich ihm einmal die Hand ge= geben hätte, hätte ich mich nicht entschließen können. Meine Freude über diese Nachricht war äußerst groß. Auch meine Frau gönnete ihr die= ses Glük, wie ihrer leiblichen Tochter, ward aber sehr niedergeschlagen, weil sie nun eine so treue Gehülfin in ihrem Hauswesen, und eine wahre Freundin verlieren sollte. Auch ich, sagte ich zu meiner Frau, verliere mein liebes Bäschen sehr ungerne. Aber ich kann über ihren Verlust nicht traurig werden, weil mich ihr Glük viel zu sehr freut. Da wir eben noch von allerhand Sachen sprachen, und ich sie fragte, wie bald die Hochzeit vor sich gehen werde: so kam ein Brief von meinem Vetter, folgenden Inhalts:

Mein Hochzuschäzender
Herr Pfarrer!

Nicht genug kann ich Ihnen danken für Ih=
ren lezten so sehr lehrreichen Brief. Aus jeder
Zeile leuchtet es hervor, wie gut Sie es nicht
nur mit Ihrer Baase, sondern auch mit mir
meinen. Gott! was wäre aus mir geworden,
wenn Sie, wie es oft geschieht, aus allzugroßer
Freundschaft, mich meiner Schwärmerey über=
lassen hätten. Täglich wäre die Neigung zu Ih=
rer Baase tiefer in meinem Herzen gewurzelt;
täglich hätte aber auch die Liebe zum Studiren
mehr bey mir nachgelassen. Und wirklich hatte
ich meinen Kant und Reinhold, und meine al=
ten Klassiker, und meine Italienischen und Fran=
zösischen Schriftsteller bey Seite gelegt, hatte
angefangen, Verse zusammen zu stümpern, und
angefangen, mich aus Rittergeschichten, und an=
dern sehr empfindsamen Romanen zu erbauen,
wo es gar herrlich zugeht, und ausserordentliche
Dinge sich ereignen, wo es ganz anders als in
der wirklichen Welt hergeht, wo man eine Ab=
neigung, ja, einen Ekel gegen Alles Gewöhn=
liche, gegen seine unidealischen Nebenmenschen,
gegen Staatsverfassung, kurz gegen alles be=
kommt, was nicht glänzt und die Einbildungs=

kraft mit schönen Bildern täuscht. Aber — o,
wie dank ich's Ihnen genug! — Noch zu rech=
ter Zeit haben Sie mich aus meinem schönen
aber sehr gefährlichen Traume geweckt. Und —
Ihre gute Baase — o wie hätte Sie mich ge=
dauert, wenn auch sie Erwartungen Gehör ge=
geben hätte, welche nie erfüllt; wenn sie Hof=
nungen und Wünsche genährt hätte, welche viel=
leicht nie hätten befriediget werden können!
Schon das Wenige, was Sie dießfalls schrie=
ben, hat mir bange gemacht. Doch da sie, so
viel ich merkte, eher zur Munterkeit, als zur
Melancholie geneigt ist, so hoffe ich, sie werde
durch Ihre eben so liebreichen als vernünftigen
Vorstellungen, woran Sie es gewiß nicht fehlen
ließen, wieder zu ihrer vorigen glüklichen Ge=
mütsstimmung gebracht worden seyn. Ja! Sie
haben vollkommen Recht. Meine Aussichten sind
noch viel zu dunkel. Alles ist noch sehr unge=
wiß, und — wer weiß, ob nicht Ihrer Baase
früher, als ich einen Dienst bekomme, eine
glükliche, ja wohl bessere Versorgung ansteht.
O wie sehr würde mich dann das gute Mäd=
chen dauern, wenn es um meinetwillen sein
Glük verscherzen müßte, oder gleichsam gezwun=
gen, nemlich durch die Stimme Ihres Herzens
gezwungen, mir treu bliebe! Das thut mir

freylich weh, daß ich so lange nicht mehr das
Vergnügen haben soll, einen Besuch bey Ihnen
zu machen. Aber aus wahrer Liebe zu Ihrer
Baase und aus Hochachtung gegen Sie lasse ich
mir auch das gerne gefallen, und werde also
damit warten, bis Sie mich selbst kommen heis=
sen. Daß auch einige Stellen in meinem Brie=
fe Ihnen gefallen haben, freuet mich herzlich.
Meine Anhänglichkeit an die Natur gränzt auch
noch jezt an Schwärmerey. Aber bey welchem
fühlenden Jüngling wird das nicht der Fall seyn!
Diese Schwärmerey aber wird mich nicht auf
Abwege verleiten. Was hätt' ich auch in mei=
ner ungünstigen Lage, das mir Freude machen
könnte, wenn ich nicht Gefühl für die Schön=
heiten der Natur hätte! Daß ich zu viele Stun=
den in der Einsamkeit zubringe, dürfen Sie nicht
befürchten: denn es bleiben mir, leider, sehr we=
nige Stunden zu Spaziergängen übrig. Wahr
ist's freilich, daß ich sonst gern allein spazierte.
Seitdem ich aber Ihren werthen Brief erhielt,
geschieht es mehrentheils in Gesellschaft einiger
guten Freunde, mit denen ich mich von dem,
was ich gelesen habe, unterhalte, und welche
dann auch mir erzählen, was sie gelesen, wo
dann Jeder sein Urtheil hinzufügt. Solche
Discourse finde ich sehr lehrreich. Denn der

Jüngling, der das nicht thut, kommt in kurzer
Zeit zu einem zu großen Gefühl von seinen ver-
meinten Einsichten und Kenntnissen. Hingegen
durch die Berichtigung unserer Einsichten aus
dem Munde eines verständigern und einsichts-
vollern Freundes bleibt man hübsch in den
Schranken der Bescheidenheit.

Von meinem Briefe an Ihre Baase sage ich
nichts mehr. Er ist aber auch in einem Anfall
von verliebter Fieberhize geschrieben worden.
Leben Sie recht wohl, würdiger Mann, und
bleiben mir ferner gewogen, und empfehlen
mich auch Ihrer theuersten Frau, und, wenn
Sie es für gut halten, auch Ihrer lieben Baase.
Ich habe die Ehre 2c. 2c. 2c.

Zweyundzwanzigstes Kapitel.

Einige Bemerkungen über Klugmanns leztern Bericht,
woraus die Glükseligkeit eines rechtschaffenen Bürgers
erhellet, nebst einer kurzen Unterredung mit
meinem Fröhlich über die Glükseligkeit des Landmanns.

Mein lieber Freund!

Es ist mir wie Ihm gegangen — ich mußte
erstaunen über die Beschuldigungen, die Ihm
von Seinen Feinden gemacht wurden, und über
ihre studirte Bosheit, welche sie gleich einem
an Ränken ausstudirten bösen Juristen zu Tage legten — und frech genug waren, solche unter dem Mantel der Religiosität zu verbergen.
Hätte Er ihnen an ihrer Nahrung und Gewerbe zu schaden gesucht, oder hätte Er auch nur
an mehrern Orten sie nach ihrem schlechten
Charakter geschildert, in der Absicht, andere
vor ihnen zu warnen, um nicht von ihren
schlimmen Grundsäzzen angestekt zu werden: so
wäre mir ihre Rache noch begreiflich. Aber
so — — Doch wer keine Religion hat, der ist
zu allen Bosheiten fähig. Und dann verdrüßt
es dergleichen Leute viel zu sehr, wenn sie befürchten müssen, daß ihre schlimmen Grundsäzze

und Handlungen bekannt werden, und sie alsdann die Achtung der Weisen und Guten verlieren werden.

Ueberhaupt aber scheint der Freygeist und
der Gottlose einen eigentlichen Widerwillen gegen den rechtschaffenen, christlich-gesinnten und
christlich-handelnden Mann zu haben. Im
Grunde aber haben diese schlechten Männer,
ohngeachtet ihrer studirten Bosheit, doch dumm
gehandelt (wie solches dergleichen Leuten gar
oft begegnet): denn sie hätten sich doch vorstellen sollen, daß unsere Obern, geistlichen und
weltlichen Standes, ihnen nicht auf ihr Wort
glauben werden; sie hätten sich doch vorstellen
können, daß die Meinungen, welche dieser und
jener für irrig und gefährlich hält, nicht von
Jedermann dafür gehalten werden. Sie hätten
doch bedenken sollen, daß es eine Beleidigung
unsrer Fürsten und Obrigkeiten wäre, wenn
eine Obrigkeit die Bücher, die von jenen frey
zu lesen erlaubt werden, für gefährliche Bücher
erklärte, oder, wenn diese Obrigkeit zu verstehen gäbe, daß jene Fürsten und Obrigkeiten auf
schlimme Schriften gar keine Aufmerksamkeit zu
Tage legten. Sie hätten sich vorstellen sollen,
daß ein Bürger sich nicht so leicht einen Ein-
griff in seine Rechte thun läßt (jeder Buchhänd-

ler aber hat das Recht, alle möglichen Bücher
zu verkaufen, in denen nicht die Grundwahr-
heiten der Religion — der Glaube an Gott,
Vorsehung, Unsterblichkeit, und die göttliche
Auktorität Jesu geläugnet wird, oder in denen
keine Angriffe auf den Staat, keine Ermunterungen zum Aufruhr, und keine Pasquille auf
seine Vorgesezten enthalten sind) u. f. w. Eben
so unklug war es, daß sie einen Landgeistlichen
in üblen Ruf bringen wollten, ohne doch nur
beweisen zu können, daß er der Verfasser der
Schrift sey, von welcher es ihnen beliebte, sie
für eine mit Irrthümern angefüllte Schrift zu
erklären. Ich bedaure Ihn also zwar von Herzen, mein lieber Freund, wegen der Ihm zuge-
stoßenen Fatalität. Aber ist nicht durch die
schöne und gerechte Einkleidung Seiner Obern
Seine Unschuld und Rechtschaffenheit nur desto
mehr an das Licht gekommen? Hat Er nicht
durch diesen Vorfall weit mehr gewonnen, als
Er zu verlieren geglaubt hat? Macht es Ihm
nicht Ehre, ein so schönes Zeugniß von Seinen
Obern erhalten zu haben? Ueber das Gutach-
ten des Konsistoriums, welches dem Landgeistlichen zugeschikt wurde, ward ich ganz entzükt.
O wie gut würde es in der Welt aussehen, wie
sehr würde die Religion und Religiosität ge-

winnen, wenn alle Mitglieder in den Konsisto-
rien so aufgeklärte Grundsäzze hätten; wenn
sie alle von einem solchen Geiste der Dultung
und Menschenliebe beseelt würden! Doch, mich
dünkt, wir haben dießfalls recht gute Aussichten. Und es wird Ihn, wie mich, freuen,
was Friedrich Wilhelm III. bald nach dem Antritt seiner Regierung verfügt hat. Dann würde auch den noch hin und wieder im Finstern
schleichenden und handelnden bösartigen Eife-
rern für ihre Orthodoxie die Lust vergehen,
ihre andersdenkenden Kollegen durch ihre Ver-
läumdungen in üblen Ruf zu bringen, oder gar
alles mögliche zu thun, um sie samt ihren Familien unglüklich zu machen. Endlich kann ich
nicht umhin, Ihn auch bey dieser Gelegenheit auf
die Glükseligkeit eines rechtschaffenen Bürgers
aufmerksam zu machen. Wie getrost konnte Er
vor dem Bürgermeister-Amt erscheinen! Mit
welcher Zuversicht reden! Wie sicher Beystand
und Genugthuung und Ehrenerklärung erwarten. Ich bin auch Bürger; aber in diesem
Fall wäre ich vielleicht nicht so glüklich, wie
Er. Ein Geistlicher wird z. E. wegen vermeint-
licher Heterodoxie oder wegen einer ohne An-
frage bey seinem Amt gemachten Aenderung im
öffentlichen Gottesdienst, angeklagt. Wer sind

da seine Ankläger? Gemeiniglich auch Geistliche (denn was weiß der gemeine Mann von Sozins, Pelagius, und andern Männern, die ehemals verkezert wurden, ihren Meinungen). Diese Geistlichen haben also bey ihrer Anklage schon mehr fidem. Es ist wahr, der Angeklagte kann seine Predigtkonzepte vorzeigen. Aber, wenn man ihm nicht gut ist, kann man ihm nicht sagen — wer weiß, ob Sie auch das gesagt haben, was hier aufgeschrieben ist. Und beruft er sich auf seine Gemeinde — so weiß keiner von derselben mehr, was er gesagt, und wie er sich ausgedrükt hat. — Und so kann er ganz unschuldig als ein Irrlehrer erklärt und bestraft werden. Auch eine noch so gute und unschuldige Abänderung im öffentlichen Gottesdienst wird gemeiniglich sehr übel ausgelegt. Er kann sich freylich verantworten; er kann auch sogar freymütig sprechen. Aber — wie es dann aufgenommen wird — das ist etwas anders. Gemeiniglich wird er sich verhaßt machen, oder sich die Ungnade oder Ungunst seiner Vorgesezten zuziehen. Und man wird ihm seine Freymütigkeit sicher entgelten lassen, so bald er sich um eine bessere Stelle meldet, oder sonst um etwas anhält, oder in der und jener Sache des Beystandes seiner Obern bedarf. Noch mehr

wird man es ihm entgelten laſſen, wenn z. E.
ein Theil der Bürgerſchaft um dieß oder jenes
bey dem Magiſtrat per Memoriale einkommt —
und ſeinen Namen auch unter der Zahl der Un-
terſchriebenen findet. Eben ſo darf ein Bürger,
wie Er, in öffentlichen Geſellſchaften immer ein
freymütiges Wort ſprechen, ohne üble Folgen
befürchten zu müſſen. Aber nicht ſo der Geiſtliche. Und wie viele ſaure Gänge muß er thun,
wenn er um eine beſſere Stelle anhält! wie viel
Worte muß er machen, um ſeine Umſtände zu
ſchildern, und manchmal noch froh ſeyn, wenn
er nur recht angehört wird. Denn es giebt unter den Vornehmen immer welche, die ſich nicht
gerne von Noth und Armuth ꝛc. ꝛc. erzählen laſſen. Ja — es kann ſogar geſchehen, daß ihm
ganz unverſchuldet bey ſolchen Gelegenheiten ſehr
unangenehme Dinge geſagt werden, je nachdem
er das Glük oder Unglük hat, durch andere bey
ſeinen Obern empfohlen oder angeſchwärzt worden zu ſeyn. Und wenn der Bürger als Profeſſioniſt oder Handwerker im 24ſten Jahre heyrathen kann, und alſo hoffen darf, ſeine Kinder
ſelbſt erziehen zu können, ſo muß der Geiſtliche
warten, biß er 36. 38. 40. und mehrere Jahre
alt wird. Iſt alſo nicht ein Mann, wie Er,
ſehr glüklich? Lebt Er nur ordentlich, und giebt

der Obrigkeit die Steuern, und ist fleißig, und lebt in einer guten Ehe, so ist er einer der glüflichsten Menschen, und darf nie um Gnade und Wohlthaten betteln. Und eben so, oder noch glüflicher, ist der fleißige und rechtschaffe= ne Landmann, wie ich dieß unserm Fröhlich, der dieser Tagen etwas verdrüßlich zu mir kam, recht einleuchtend zu machen suchte. Vielleicht ist es Ihm nicht unangenehm, unser Gespräch, so gut ich mich desselben erinnern kann, hier zu lesen.

Fröhlich. Verzeihen Sie, lieber Hr. Pfarrer, daß ich Sie so zur Unzeit beunruhigen muß (denn ich kann mir vorstellen, Sie werden auf die Feyertags = Predigten studiren). Ich wollte Ihnen nur sagen, daß ich dießmal nicht zum heil. Abendmahl kommen kann. Die ver= zweifelten Soldaten! Las ich da so andächtig in dem schönen Gebetbüchlein *), das Sie mir lezthin empfohlen haben, um mich auf die Beichthandlung vorzubereiten; und da ich eben in der besten Andacht und Gemütsfassung bin, kommt der Amtsdiener im Namen des Anwalds, und bietet mir eine Frohnfuhr. Ich kann Ihnen gar nicht sagen, wie mich das

*) Er meint Dopps Gebetbuch für den Landmann.

so verdrüßlich gemacht, und mir alle gute
Gedanken wieder benommen hat. Die Bauern sind eben doch geplagte Leute!

Ich. Guter Mann! ich bedauere Euch herzlich.
Und Ihr habt dießmal allerdings einige Ursache verdrüßlich zu seyn. Wenn Ihr aber
bedenket, daß die Soldaten wegen unserm Gottesdienst nicht bey Uns stille liegen dürfen,
sondern akkurat an dem und dem Tag da oder
dort eintreffen müssen, so werdet Ihr nicht
mehr so gar verdrüßlich darüber seyn. Wer
kann aber die Frohnfuhren anders übernehmen
als die Bauern? Ihr meint, sie seyen geplagte Leute. Ja! dermalen giebt es freylich noch je und je eine Frohnfuhr, so wie
sich auch der ärmste Söldner, der selbst kaum
weiß, wo er Brod hernehmen soll, eine Ein-
quartirung muß gefallen lassen. Aber wir haben doch, Gottlob, gute Hofnung, daß es bald
Friede werden wird. Und dann hat auch diese Beschwerlichkeit ein Ende. Und vielleicht
giebt es dann in sechzig oder hundert Jahren
keinen Krieg mehr, unter den wir leiden müssen. Fasset Euch also in Geduld, und sehet
diese Frohnfuhr auch als eine Eurer Berufspflichten an!

Fröhlich. Sie haben freylich recht, lieber Hr.
Pfarrer. Aber das thut doch weh, daß ein
ehrlicher Bauersmann, der sichs so sauer muß
werden laffen, von den Soldaten sich noch
ausschmähen laffen muß, wenn er nicht schnell
genug fertig werden und das Nöthige herbey=
schaffen kann, oder wenn er das gute Effen,
das er auf den Tisch stellen läßt, muß ver=
achten laffen, und noch dazu die unanständig=
sten Flüche anhören.

Ich. Das wird kein Mensch billigen, lieber
Mann. Aber wenn Ihr bedenkt, daß'es ge=
gen einen ordentlichen Soldaten, der eine gu=
te Erziehung gehabt, und einen guten Unter=
richt genoffen hat, immer funfzehen rohe giebt,
die es eben deswegen sind, weil es ihnen dar=
an gefehlt hat; wenn Ihr bedenkt, daß die
Verwilderung bey ihnen faft unvermeidlich ist,
indem die Offiziere (die aber oft selbst die
rohesten Männer sind) genug zu thun haben,
um sie nur äußerlich und bey ihrem Kriegs=
dienst in Ordnung zu erhalten: so werden Euch
auch ihre üblen Sitten nicht mehr so sehr be=
fremden, und nach einem oder etlichen Tagen
werdet Ihr ja eines solchen rohen Menschen
wieder los. Aber auch die Einquartirungen hö=
ren ja mit dem Frieden auf. Und dann sehe ich

doch nicht ein, wie die Bauern so gar geplagte Leute seyn sollen. Ihr seyd ja z. E.
euer eigener Herr! Ihr dürft eure Geschäfte
ganz nach euerem Gutdünken besorgen, nur
daß ihr bey diesem und jenem Geschäft auf
die Witterung oder Jahrszeit Rüksicht nehmen müsset. Kein Mensch darf Euch was ein-
reden; niemand euch ungestraft beleidigen oder
Schaden zufügen. Ihr dürft säen und anpflanzen, was ihr wollt; Ihr dürft nach der
alten oder neuen Manier handeln, euer Vieh
auf die Weyde schiken, oder die weit erprieß-
lichere Stallfütterung bey Euch einführen;
Ihr dürft Niemand gute Worte geben um
Eures und der Eurigen Unterhalt willen; da
hingegen wir Landgeistliche deswegen manches
thun und dulten, und noch obendrein, freylich nur von Unverständigen, (deren es aber
immer mehrere als Verständige giebt) manche
Rede schluken müssen, die uns sehr wehe thun
muß, z. E. wir seyen privilegirte Müssiggänger, wir hätten das beste Leben u. s. w. Und
wenn ich erst von den Vorzügen reden wollte, die Ihr vor den Stadtleuten habt. — —
Aber ich darf Euch jezt nicht länger aufhal-
ten — also ein andermal. Ich wünsche, daß
alles gut ablaufen, und Ihr wieder recht ge-

sund heimkommen möget. — — In dem kam
sein ältester Sohn mit großem Jammer, und
sagte: ey, Vater, warum kommst du doch nicht
heim. Die Soldaten fluchen Uns schier das
Haus nieder, und ich fürchte gar, sie werden ihren Zorn noch unserer Mutter entgelten laßen. Sie läßt dich grüßen, und anfragen, ob doch nicht dießmal der Knecht
fahren dürfe. Das ist ein gescheider Einfall
von deiner Mutter, sagte Fröhlich. Freylich
nehmen die Knechte die Pferde nicht so in Acht,
wie Unsereiner. Aber dießmal will ichs doch
geschehen laßen. Das sag' deiner Mutter. Ich
werde aber bald selbst kommen. Es hieß ja,
erst nach zweyen Stunden soll ich parat seyn.
So gieng denn der Knabe seines Wegs, und
ich fuhr weiter fort. Bedenkt einmal, daß
der Handwerker und Bürger den ganzen Tag
entweder an einer Stelle, oder gar in einem
dumpfen Zimmer, ohne alle gesunde Bewegung,
zum Theil in einer ungesunden Stellung arbeiten muß, daß es ihm nur an den Sonntagen,
wo es erst noch schön Wetter seyn muß, ver-
gönnet ist, die frische Luft zu genießen, und
sich durch einen Spaziergang zu erholen. Kein
Wunder, wenn er dann und wann krank wird,
und selten recht froh und heiter ist. Ihr hin-

gegen bringet faſt den dritten Theil des Jahrs in der friſcheſten geſundeſten Luft, unter den ſchönſten Gegenſtänden und beynahe in beſtändiger Bewegung zu. Euch darf ich es nicht erſt ſagen, wie ſehr viel das zu euerer dauerhaften Geſundheit und Gemütsheiterkeit beyträgt. Sodann will ich nur noch das bemerken. Ihr könnet viel wohlfeiler leben als der Städter, der ſelbſt Kleinigkeiten um Geld kaufen muß. — Und wie wenig koſtet Euch Euere Kleidung, da hingegen der Städter ſich doch einiger Maßen nach dem eingeführten Wohlſtand richten muß. Hat er nur einige Töchter, wie viel Geld koſten ihm ihre Kleider. Und vom Brodneid wiſſet ihr nichts. Giebt es etwan einen und den andern, der es Euch nicht gönnt, daß Ihr ſo ſchönes Feld, Vieh und dergleichen habt, ſo habt Ihr Euch nichts darum zu bekümmern. Der Handwerker und Profeſſioniſt aber iſt nie ſicher, ob ihm nicht bald dieſer, bald jener ſeiner Kundleute weggeſchwazt wird, und wie viel Verdruß muß ihm dieſes machen! Seyd Ihr alſo nicht ein recht glüklicher Mann? Wohl glüklicher als ich, und viele meiner Kollegen.

Fröhlich. Das leztere begreife ich doch nicht recht.

Ich. Ihr dürft in allen Stüken, wenn's nur
nicht zum Schaden eures Nächsten ist, ganz
nach Eurem Gutdünken handeln. Ich muß
fast in allen Stüken vorher bey meinem Amt
anfragen, ob ich dieß und das thun dürfe.
Wenigstens bin ich nach unsrer Kirchenordnung
zu manchem verpflichtet, was mich schwer ankommt, und was ich anders thun möchte.
Und bey der geringsten Abweichung oder Abänderung habe ich Verweise zu befürchten.
Und glaubet Ihr nicht, ich würde dann und
wann anders reden *) und handeln, wenn ich
nicht befürchten müßte, daß ich dadurch unsere Gemeinde gegen mich aufbringen würde,
und daß sie mich es dann bald im Zehenden,
bald in ihren freywilligen Geschenken entgelten ließe? Von dem will ich jezt gar nichts
sagen, daß man Wunder meint, wie herrlich
es im Pfarrhause zugehe, wenn des Jahrs
ein paarmal eine Gesellschaft von guten Freun-

---

*) Es sey ferne von mir, denjenigen hiemit das Wort
zu reden, welche um Geschenke willen, oder aus
Menschenfurcht oder Menschengefälligkeit da schweigen, wo sie reden sollten. Aber mit mehr Nuzen
könnte doch ein Landgeistlicher sein Amt verwalten,
wenn er nicht so sehr von der Güte seiner Gemeinde abhienge.

den zu mir kommt, mit denen ich, welches ja
doch sonst nicht viel geschieht, ein Glas Wein
trinke.

Fröhlich. Da muß ich Ihnen freylich Recht geben. Und es hat mich schon oft nicht wenig
verdrossen, ja ich habe mich schon zuweilen
nicht enthalten können, manchem derb die
Lektion zu lesen, wenn er bald über dem Bißchen Zehenden, den er Ihnen zu geben verbunden ist, sich aufhielt, bald zu verstehen
gab, daß es unnöthig seye, dem Pfarrer dieß
und jenes Geschenk zu machen. Ja, manche
geben nicht einmal das Bißchen Milch gerne
her, das Sie bey ihnen holen lassen, ob Sie
gleich das Geld dafür mitschiken.

Was Sie aber vorhin sagten, theuerster
Hr. Pfarrer, darüber müssen Sie sich nicht
kränken, daß nemlich so manche Unverständi-
ge glauben, die Geistlichen wären Müssiggänger, hätten nichts zu thun, und könnten sich
lauter gute Tage machen. Denn da die wenigsten wissen, was Nachdenken heißt, und
wie es den Kopf angreift, weil sie selbst nie
zum Nachdenken gewöhnt wurden. Also darf
es Sie nicht so gar befremden, daß sie das
Predigtmachen und Halten für etwas so leichtes ansehen, wiewohl daran, wenn ich es sa-

gen darf, einige Ihrer Herren Kollegen selbst
Schuld sind, indem sie entweder eine so schlech=
te Arbeit machen, daß der verständige Bau=
ersmann (und deren giebts doch hin und wie=
der) bald merkt, daß sie nicht darauf studirt
haben, oder daß sie sich in Gesellschaften rüh=
men, wie ihnen das Predigtmachen und Hal=
ten so leicht seye, um sich dadurch bey den
Anwesenden in den Ruf vorzüglich geschikter
Männer zu sezen. Vom übrigen Studiren
aber haben die mehresten gar keinen Begriff.

Ich. Ihr habt auch Recht, lieber Freund!
Nun so wollen wir denn mit unserm Schik=
sal zufrieden seyn; uns nicht über die Lasten,
die wir zu tragen haben, beschweren; uns
nicht über schiefe Urtheile kränken: sondern
nur fortfahren, in unserm Beruf Treue, Fleiß
und Eifer zu beweisen, und unsere Feinde
durch Liebe gegen sie beschämen. So haben
wir ein gutes Gewissen, und dürfen uns des
Benfalls Gottes getrösten.

Fröhlich. Ja! das wollen wir thun! Und nun
behüte Sie Gott, lieber Hr. Pfarrer. Ich
danke Ihnen herzlich für so manche gute Leh=
re, die Sie mir da gegeben, und daß Sie
mich wieder aufgeheitert haben.

Dreyundzwanzigstes Kapitel.

Mein Schulmeister stirbt — und was sein Tod für Folgen hat. — Der neue tritt sein Amt an, und es hält
schwer, bis er sich den Beyfall und die Liebe der Gemeinde erwirbt. Fröhlich erhält eine Ehrenstelle, und
durch sein Ansehen kommt der neue Schulmeister in guten Kredit.

Was seyn soll, schikt sich wohl, sagt man
im Sprüchwort. Und dieses Sprüchwort be-
stätigte sich auch jezt in meinem Birkheim*).
Mein alter Schulmeister, an dem ich ohnehin
nichts mehr hätte bessern können, ob er gleich
im Grunde ein braver Mann war, hatte schon
lange an einem Zehrhusten gelitten, so daß er
sein Amt nächstens hätte niederlegen müssen,
ward nun bettlägerig, und ein guter Freund
von ihm, der aber auch keine Schulmeistergaben
besaß, versahe noch einige Wochen für ihn sei-

*) So heißt mein Dorf; welches ich freylich schon lan-
ge hätte melden sollen. Auch werden einige Leser
wohl eine Beschreibung von der Lage und Gegend
desselben erwartet haben. Da ich sie aber nicht
malerisch hätte machen können, so schön sie auch
ist, so ließ ich's lieber seyn. Der Boden aber ist
für die Früchte nicht der beste. Und die Viehwey-
de äußerst schlecht und weit entfernt. Daher hier
am ersten die Stallfütterung eingeführt werden sollte.

nen Dienſt. Vor vier Wochen aber ſtarb er.
Ich meldete dieß ſogleich meinem Vetter, und
fragte bey ihm an: ob er noch ſo, wie vor einem halben Jahre geſinnet ſey, und ob er ſich
auch in Anſehung ſeiner Geſundheitsumſtände
getrauen dürfe, um einen Dienſt anzuhalten,
wo er auch Vorſinger ſeyn, und die Kinder in
der Schule im Singen unterrichten müßte; ob
ich alſo in der Sache etwas für ihn thun dürfe? Er antwortete mir ſogleich mit Ja! und
ſchrieb mir: „Daß er, ſeit er ſich mehr Bewe-
„gung mache, vollkommen geſund ſey; und ſezte
„hinzu: er könne es als Studioſus unmöglich
„mehr aushalten. Schon um drey Stipendien
„hätte er vergeblich angehalten, und ſolche, die
„in der Promotion weit hinter ihm ſeyen, hät-
„ten ſie erhalten. Was ihm aber am weheſten
„gethan, ſey dieſes, daß ihm einer der Admi-
„niſtratoren ſeine Armuth vorgeworfen, und ihm
„geradehin geſagt habe: Solche Leute ſollten
„nicht ſtudiren. Er habe zwar geſagt: dieß
„ſey ja ſehr nöthig, da die Söhne der Reichen
„und Vornehmen ſich nicht dazu entſchließen,
„am allerwenigſten zur Theologie, und ſeine Ar-
„muth könne hier nicht in Betrachtung kommen,
„da er ja ein Bürgersſohn ſeye, wie ein ande-
„rer, und von ſeinen Profeſſoren noch immer

„ein gutes Zeugniß wegen seines Fleißes und
„seiner Aufführung erhalten hätte. Darüber
„ward er aber sehr erzürnt, nannte mich einen
„unverschämten und stolzen Menschen, und gieng
„von mir weg. Nach einem solchen Vorfall
„werden Sie sich nicht wundern, (sezte er noch
„hinzu) daß ich nun je bälder, je lieber ein Land-
„schulmeister werden will. Thun Sie also für
„mich, was Sie können." — Ich schrieb nun
gleich an den obersten Geistlichen in der Stadt,
und empfahl ihn aufs beßte; er schrieb mir:
ich sollte eine Prüfung mit Ihnen anstellen.
Und Sie können also (schrieb ich ihm wieder),
gleich morgen auf eine freundschaftliche
Unterredung „über die rechte Methode beym
Unterricht der Jugend" zu mir kommen. Er
kam *). Die Prüfung fiel nach Wunsch aus;
ich gab ihm ein gutes Testimonium mit, und
der Geistliche sagte: Ich habe nicht nöthig, Sie
auch noch zu prüfen, da Ihnen Hr. Pf. B.
ein so gutes Zeugniß giebt. Nun berichtete er
die Sache an das Konsistorium, und mein Vetter ward einstimmig gewählt. Zwar hatten sich
noch ein Paar Männer in meinem Dorfe um
diese Stelle bey mir gemeldet. Der eine war

---

*) da war aber meine Baase schon verreist.

ein Schuhmacher, dem es, weil er seine Profeſſion ſchlecht erlernt hatte, an Kundſchaft fehlte, und der nun dachte — zu einem Schulmeiſter tauge er nun am beſſten.   Denn er meinte, wie die mehreſten Landleute, dazu gehöre
nichts, als daß man Leſen, Schreiben, Singen
und zur Noth ein wenig Rechnen könne.   Der
andere war ein durch Verſchwendung arm ge-
wordener Söldner, der ſich jezt als Taglöhner
das nothdürftige Auskommen zu erwerben ſucht,
aber ſo leichtſinnig lebt, daß er gar auf keinen
Nothpfenning bedacht iſt, und ſeinen Lohn faſt
ganz im Wirthshauſe verthut, auch mit ſeinem
Weib in einer übeln Ehe lebt.   Ich hätte mir
alſo ein Gewiſſen machen müſſen, wenn ich den
einen oder andern dieſer Männer empfohlen hätte, ob ich gleich bey der Verwandtſchaft des
leztern ſehr eingebüßt habe.

Sobald ich alſo den Bericht erhielt, daß
mein Vetter zum Schulmeiſter erwählt worden
ſey, ſchrieb ich an ihn folgenden Brief:

Mein lieber Hr. Vetter!

Ich habe Ihnen dießmal zwey ſehr verſchie-
dene Nachrichten zu melden. — Die eine wird
Ihnen, wie ich hoffe, angenehm ſeyn; die andere aber vielleicht unangenehm. Um nun durch

die leztere nicht verdrüßlich oder traurig zu werden, melde ich Ihnen dieselbe zuerst, weil dann
die andere Sie wieder aufheitern wird.

Mit meiner Baase hat sich das ereignet, was
ich lezthin als etwas nur Mögliches mir und
Ihnen vorgestellet habe. Da das Landstädtchen
B*** nur ein Paar Stunden von der Stadt,
wo ihre Anverwandten wohnen, zu denen sie
lezthin eine Reise machte, entfernt ist, und sie
dort ein Paar Freundinnen hatte, so besuchte sie
auch diese. Und da entdekte nun der Bruder
derselben, ein Kaufmann, seine Neigung gegen sie.
— Nach wenigen Minuten war alles richtig,
und sie ist nun Braut, und wird nächste Woche
von mir auf immer Abschied nehmen. Da sie
nun sehr gut versorgt wird, so hoffe ich, Sie
werden ihr auch ihr Glük gönnen, und sich damit beruhigen, daß sie nicht für sie von Gott
bestimmt gewesen seye. Die andere Nachricht
ist diese: Sie sind wirklich von unsern Obern
zum Schulmeister hieher gewählt worden, wozu
ich Ihnen von Herzen Glük, Gesundheit, Geduld und frohen Muth wünsche. Das Mehrere behalte ich mir auf unsere mündliche Unter-
haltung vor. Denn ich habe Ihnen gar vieles
zu sagen, was Ihnen, wie ich hoffe, sehr wohl
zu statten kommen wird. Ich weiß zwar wohl,

daß Sie das Amt eines Schulmeisters nicht
für etwas so Unwichtiges halten, als viele Leute, selbst in Städten; aber vielleicht doch auch
nicht für so wichtig, als es wirklich ist. Nur
zum voraus muß ich Ihnen zweyerley sagen.
Erstlich lassen Sie sichs nicht befremden, wenn
Sie anfänglich bey den Leuten eine Art von
Gleichgültigkeit oder gar Unfreundlichkeit in ihrem Betragen gegen Sie wahrnehmen; denn sie
hätten gern einen von hier gehabt, das wird
sich aber nach und nach schon geben. Zweytens
lassen Sie sich nicht abschreken, wenn die Leute
anfänglich mit ihrer Lehrart nicht ganz zufrieden seyn sollten. Ja — ich vermuthe sogar,
es werden einige, die sich für gescheidter als
ihre Miteinwohner halten, zu Ihnen kommen,
und allerhand Beschwerden und Klagen vorbringen. Diese aber suchen Sie freundlich und
durch vernünftige Vorstellungen zurecht zu weisen. Und wenn diese nicht anschlagen, so weisen Sie sie getrost zu mir. Ich stehe Ihnen
gut dafür, Sie werden dann bald Ruhe haben.
Von heute über acht Tage erwarte ich Sie hier.
Leben Sie wohl!

K. B.

Er kam — und zwar noch einen Tag früher,
als ichs ihm bestimmt hatte. Ich stellte ihn

Sonntags darauf am Schluß meiner Predigt
der Gemeinde vor, und Tags darauf trat er
sein Amt an, wo ich noch eine besondere Anrede an die Schulkinder hielt, welche ihnen sehr
zu Herzen zu gehen schien. Es vergiengen auch
kaum vier Wochen, so geschahe das, was ich
vermuthete. Es kamen wirklich einige zu ihm,
besonders ein Paar Vettern des verdorbenen
Söldners, und beschwerten sich, daß er ihre
Kinder oft nicht aufsagen *) lasse. Und dann
(sezten sie noch hinzu) müssen sie von ihren Kindern hören, daß er von allerhand Sachen —
und ganz natürlichen Dingen mit ihnen diskou-
rire, wovon der alte Schulmeister ihnen kein
Wort gesagt habe. Es seye zwar, hätten die
Kinder gesagt, recht kurzweilig, und manchmal lustig anzuhören. Aber eben das gefalle
ihnen nicht. Er soll die Kinder lehren, wie's
der Brauch sey, und wie es die andern Schulmeister auch thun. Und Gottes Wort sey das
Nöthigste — Erzählungen können sie überall hören, u. s. w.

*) Das heißt bey uns so viel, als etwas aus dem Ka-
techismus, oder ein Paar Sprüche, oder ein Lied
aus dem Gedächtniß hersagen — und das Tag für
Tag, ohne daß an eine Erklärung dieser Dinge gedacht wird.

Selbst zu mir kamen ein Paar solche kluge
Männer, die ohngefähr das Nemliche sagten —
nur daß sie noch hinzusezten, der neue Schulmeister sey ein stolzer und unfreundlicher Mann,
der mit Niemand rede, und die Leute kaum
grüsse. Zu der lezten Beschuldigung hatte mein
Vetter wirklich einigen Anlaß gegeben. Er war
zwar nichts weniger als stolz; aber er hatte in
seinem Betragen so etwas Gleichgültiges — er
grüßte die Leute, aber ganz kurz, und an's
Diskouriren mit ihnen dachte er gar nicht,
welches wirklich ein Fehler war. Denn das,
und eine sehr große Freundlichkeit ist das erste
Mittel, wodurch man sich bey'm Landvolk
empfehlen kann. Er hatte den Grundsaz: ein
Schulmeister muß sich mit den Leuten nicht zu
gemein machen. Und der ist richtig. Aber in
der Anwendung fehlte er. Denn ein anders ist
es, wenn man im Wirthshause mit ihnen kar-
tet, oder Späße macht, und den Lustigmacher
spielt, oder ihr Kammerad wird; ein anderes
aber, freundlich gegen sie seyn, und mit ihnen
reden. Diese Unfreundlichkeit der Leute gegen
ihn, und ihre Beschwerden, waren ihm aber so
auffallend, daß er noch denselben Abend zu mir
kam, und mir sein Anliegen offenbahrte. Am
Ende sezte er noch hinzu: „weder meine Freund-

lichkeit, noch meine vernünftige Vorstellungen
schienen einen Eindruk auf diese Männer zu
machen. Endlich sezte ich noch hinzu: Ich
werde wohl wissen, wie ich lehren muß, und
werde es nicht von Euch lernen wollen. Meine Obrigkeit hat mich für fähig gehalten, sonst
würde sie mich nicht gewählt haben, und Euer
rechtschaffener Hr. Pfarrer, der, wie ihr wohl
wissen könnt, ein unparteyischer Mann ist, und
dem Eure Kinder gewiß am Herzen liegen, hat
mich empfohlen. Seyd ihr also mit meiner
Lehrart nicht zufrieden, so beklagt euch bey ihm,
dann wollen wir sehen, wer Recht oder Unrecht
hat!" Hierüber haben die Männer, wie er mir
sagte, große Augen gemacht, seyen aber doch ein
wenig darüber betreten worden. Da haben Sie,
sagte ich, ihre Sache recht gut gemacht. Solchen Leuten muß man nicht zu gut und zu freundlich begegnen, sondern etwas ernsthaft mit ihnen sprechen; sonst steht man ganz unter ihrer
Gewalt. — Sie würden sich, selbst gegen ihre
Kinder, rühmen, und sprechen: „Euren Schulmeister haben wir recht die Wahrheit gesagt u.
s. w. Und dann — könnte er schlechterdings
keinen Nuzen mehr stiften. Ich ermunterte ihn
also zur Gedult, und sagte: in seiner Lehrart
solle er getrost fortfahren; (denn ich hatte selbst

ein paarmal seinem Unterricht beygewohnt, und
hatte alle Ursache, damit zufrieden zu seyn). Endlich werden die Leute doch einsehen, daß sie weit
besser sey, als der alte Schlendrian, und es
werde ihnen endlich gewiß an ihren Kindern
sichtbar werden, daß sie vor allen Dingen
richtige Begriffe haben, und es werde ihnen gewiß wohl gefallen, wenn sie ihnen die angehör-
ten Erzählungen wieder erzählen können, und
auch in ihrem Betragen besser und ordentlicher
werden. Dabey aber sagte ich ihm auch: daß
es billig sey, auf den Charakter der Landleute mehr Rüksicht zu nehmen, sie freundlich
zu grüssen, und mit ihnen zu reden. Er versprach mir auch, mir hierinnen zu folgen, und
gestand mir ein, daß er bis daher gar nicht
darauf Rüksicht genommen habe. Uebrigens
versicherte ich ihm, er werde nun vor diesen
Leuten gewiß Ruhe haben; denn was ich zu
denen, die zu mir gekommen, gesagt habe, das
werde bald im Dorfe bekannt werden, und so
werden sie nicht mehr das Herz haben, ihn oder
mich zu beunruhigen. Zudem, so seye nach vier
Wochen das Schulexamen; dann soll er eine
Probe im Katechisiren ablegen, und ich werde
darüber in Gegenwart des Edelmanns, des
Amtmanns, des Anwalds, und der andern Män-

ner, die aus dem Gericht dabey seyn werden,
ihm meinen ganzen Beyfall und meine ganze Zufriedenheit darüber bezeugen. Und das werde
gewiß eine gute Wirkung thun. Es gieng auch
alles erwünscht. Mein lieber Fröhlich ward
unterdessen ein Mitglied eines ehrbaren Gerichts,
so sehr er sich auch anfänglich dagegen gesträubt
hatte. Da er nun auch beym Schulexamen zugegen war, so gefiel ihm das Katechisiren meines Vetters ausnehmend wohl. Ueberall lobte
er ihn, und so wurde er von Tag zu Tag mehr
von der Gemeinde geschäzt.

Vierundzwanzigstes Kapitel.

Der neue Schulmeister hält mit Fröhlichs Kindern eine
Privat-Stunde; — Ein Paar Worte über des neuen
Schulmeisters Unterricht. — Ich bekomme Klugmanns
Kinder auf ein Jahr zu Kostgängern. — Mein Vetter
geht mit all seinen Schülern zum Baden — und macht
das freye Feld zum Unterrichtsplaz. — Urtheil der
Leute hierüber; — Es hat Folgen!

Von dem Augenblik an, da Fröhlich meinen
Vetter hatte katechisiren hören, hatte er beschlossen, ihn nächster Tagen anzusprechen, seinen sämt-
lichen Kindern täglich eine besondere Informa-
tions-Stunde zu geben. Er lud ihn also nebst

mir auf einen Nachmittag zu sich ein, wo er uns erst nach ländlicher Sitte herrlich traktirte. Sodann machte er an ihn seinen Vortrag. „Der Kinder in der Schule, sagte er unter andern, sind zu viele, als daß man sich mit einem lange abgeben könnte. Zwar könnten sie vom Zuhören sehr vieles lernen. Aber — wie eben Kinder sind. Jede Kleinigkeit, die ihnen in die Augen kommt, zieht ihre Aufmerksamkeit an sich, und so überhören sie sehr vieles. Und auf jedes Kind, ob es aufmerkt, kann der Schulmeister unmöglich stets Achtung geben. Ueberdieß ist Er an gewisse Lektionen gebunden. Das alles fällt beym Privatunterricht weg. Da sind Ihnen die Kinder immer unter den Augen, da werden sie in steter Aufmerksamkeit erhalten; da kann er mit ihnen traktiren, was er will, u. s. w. Es geschieht mir also eine sehr große Gefälligkeit, wenn Er meine Kinder besonders unterrichten mag. In die Schule sollen sie nach wie vor fleißig geschikt werden.

Mein Vetter nahm also diesen Antrag mit Vergnügen an (denn ich hatte ihm meinen Fröhlich schon vorher als einen Mann geschildert, der sich durch mehrere gute Eigenschaften vor allen übrigen Birkheimern auszeichne; der es

also wohl verdiente, wenn man ihm einen Gefallen thun kann). Nun fragten wir den Schulmeister, wie er lebe? Ob er gut angewohnen
könne? Wie es mit seiner Oekonomie aussehe?
(denn eine noch ledige Schwester führte ihm die
Haushaltung) u. s. w. Es gefalle ihm hier,
sagte er, seitdem er merke, daß er geschäzt werde, von Tag zu Tag besser; er lebe also überhaupt vergnügt; aber mit der Oekonomie wolle
es nicht recht gehen. Bald frage ihn seine
Schwester dieß, bald jenes. Bald begehre sie
dieß, bald das. Bald fehle es an diesem, bald
an jenem Haus- und Küchen-Geräthe; er hätte
also, da es ihm an Geld fehle, eine Gattin,
die eine ordentliche Aussteuer mitbrächte, sehr
nöthig. Ueber dem, sagte er, sey seine Schwester eine Näherin, und verscherze ihre Kundhäu-
ser, wenn sie bey ihm bleiben müßte. Da fiel
ihm Fröhlich in die Rede, und sagte: Das eigene Haushaltungführen mit Seiner Schwester,
die ohnehin vom Landleben nichts weiß, und
also nicht alles zum Nuzen anwenden kann,
taugt für Ihn nicht. Das Heyrathen aber läßt
sich nicht über das Knie abbrechen. Wie wäre
es, wenn Er, bis sich Ihm zum Heyrathen eine
gute Gelegenheit kommt, zu mir in die Kost

gienge? *) O das ist herrlich! antwortete er.
Nun bin ich noch so vergnügt. Es sollte Sie aber,
sagte ich, doch hart angekommen seyn, die Stadt
zu verlassen, wo man so manche Bequemlichkeit
hat, und so manches Vergnügen genießt, das
man auf dem Lande, zumal im Winter, entbehren
muß. Nicht zu gedenken des täglichen gesellschaftlichen Lebens, welches doch auch eine
große Annehmlichkeit bey sich führet. Hier aber
ist man zu Zeiten ganz einsam und sich selbst
überlassen. — Der Bequemlichkeiten, antwortete
mein Vetter, bin ich nicht sehr gewohnt, noch
weniger der Ergözlichkeiten. Die beßten Gesellschaften sind mir gute Bücher; und an die
Einsamkeit bin ich schon lange durch meine
Dürftigkeit gefesselt worden. Jezt aber finde ich
in derselben sogar ein Vergnügen. Blos nach
des vernünftigen und braven Klugmanns Umgang sehnte ich mich zuweilen. Dafür aber wer-

---

*) Ich konnte ihm wegen meiner großen Familie die-
sen Antrag nicht machen; doch lud ich ihn dann
und wann zum Essen ein. Ausserdem habe ich unserm Klugmann schon lange versprochen, seine zween
Söhne einmal auf ein Jahr zu mir zu nehmen,
damit sie von den Feldarbeiten und von dem, was
in der Natur befindlich ist, anschauliche Kenntnisse
erlangen.

be ich nun durch den öfteren Umgang mit Ihnen, und durch den nunmehrigen Umgang mit
diesem braven Manne (Fröhlich) reichlich schad-
los gehalten. Nur dauern mich Klugmanns
Kinder — diese hiengen so gar an mir, und
liebten mich beynahe wie ihren Vater — sie waren aber auch bey meinem Abschied ganz trost-
los, und hörten gar nicht auf zu weinen. Auch
mich, erwiederte ich, dauren die guten Knaben.
Doch da soll geholfen werden. Ich nehme sie
(meinem Versprechen gemäß) auf ein Jahr in
die Kost, und da können sie, wenn es mein
Fröhlich erlaubt, dem Unterricht auch beywoh-
nen, so wie auch ich meine zwey jüngern Kinder dazu schikken zu dürfen mir erbitte. Ja,
sagte Fröhlich. Das giebt brav Aufmunterung.
Ey! wie das schön seyn wird, wenn da eine
kleine Schule bey einander versammelt ist!

Und nun auch ein Paar Worte über den
Schul- und Privat-Unterricht meines Vetters,
und über die dabey beobachtete Methode! Wenige Wochen nach dem Antritt seines Amtes
hatte ich gerade die jährliche Schulpredigt zu
halten. Da nahm ich nun natürlich Gelegenheit, der Veränderung, oder vielmehr, Verbesserung des Schul-Unterrichts Erwähnung zu
thun, welche von unserm neuen Schulmeister

auf meinen Befehl werde vorgenommen werden. Unter andern sagte ich in derselben: „Es verlangte mich schon lange nach einem Schulmeister, dem ich mehr zumuthen dürfte, von dem ich mir einen deutlichern, nüzlichern, und angenehmern Unterricht versprechen dürfte. Denn es war doch gar zu wenig, was bisher eure Kinder gelehrt wurde, und auch dieses Wenige hat man sie, mit Irrthümern oder unrichtigen Vorstellungen vermischt, gelehrt. Und wie vieles, ja das meiste, war an sich selbst so schwer und dunkel, daß sie es — ohne Erklärung — und daran fehlte es gänzlich — unmöglich fassen konnten. Und über so viele wichtige, oder auch wenigstens wissenswürdige Dinge, z. E. über das, was wir in der Natur antreffen — über so viele heilsame Kräuter — über einige Giftpflanzen und Giftbeere, wodurch sich schon so viele Kinder geschadet, oder gar getödtet haben — über die Entstehung eines Gewitters — über die Beschaffenheit der Wolken — über die Beschaffenheit der Sterne u. s. w. blieben die eurigen bisher ganz unbelehrt. Das wird nun alles anders und besser werden. Eure Kinder werden einen faßlichen und kräftigen Religions-Unterricht bekommen — sie werden zum Nachdenken und zur Aufmerksamkeit auf alles, was

um fie her iſt, oder vorgeht, angeleitet werden.
Es werden ihnen von allen möglichen Dingen
richtige Begriffe beygebracht werden. Sie werden auch beſſer ſchreiben und rechnen lernen —
und auch gewiß mehr Luſt und Freude am Lernen haben, weil ihnen die Vortheile davon recht
einleuchtend werden geſchildert werden. O wie
ſehr haben wir alſo Urſache, unſern hohen Obern
zu danken, daß ſie uns einen ſolchen Schulmeiſter geſchenkt haben. Und wie ſehr habt ihr
Urſache, dieſen neuen Lehrer eurer Kinder zu
ſchäzzen und zu lieben, da Er, der ſchon Studioſus war, und eben ſo leicht als andere Jünglinge hätte ſtudiren können, ſich entſchloſſen hat,
das Amt eines Dorfſchulmeiſters, das ſo wenig
einträgt, das ſo beſchwerlich iſt, und der von
ſo vielen nicht geſchäzt wird, anzunehmen" u.
ſ. w. Das machte Eindruk! Daher durfte er
nun getroſt ſo lehren, wie er's vorhatte, und
wie ich's ihm anrieth. Und er that es auch. —
So viel es nur der obrigkeitliche Schul- und
Unterrichts-Plan zuließ. Bald unterhielt er ſeine Kinder mit einer angenehmen und lehrreichen
Erzählung, die er entweder aus dem Kopf ſagte, oder ihnen aus einem Buche vorlas, und
ſie ſodann darüber examinirte; bald las er ihnen etwas aus der Naturhiſtorie, oder aus der

Naturlehre für Kinder vor, und machte gleich⸗
falls nachher mit den fähigsten Kindern die
Probe, ob und wie sie das Vorgelesene gemerkt
hätten. Bald las er ihnen eine Fabel vor —
brachte ihnen einen deutlichen Begriff davon
bey, und ließ sie manchmal die Moral der Fa⸗
bel selbst suchen oder errathen. Da freute es
dann das Kind, welches es getroffen hatte, aus⸗
nehmend. Manchmal brachte er ihnen auch eine
Pflanze, eine Blume, einen raren Stein, ein
Insekt, oder sonst etwas Merkwürdiges mit,
zeigte ihnen das Künstliche in ihrem innerlichen
und äusserlichen Bau, ihren Nuzen, ihre Ei⸗
genschaften u. s. w. Noch mehr Abwechslungen
aber brachte er in seinen Privat⸗Unterricht. Da
brauchte er nun die Kinder nicht erst zur Auf⸗
merksamkeit zu ermuntern. Noch vielweniger
brauchte er einen Stekken. Was er aber mit
den Schulkindern sich nicht zu thun getraute,
und was er auch nicht wohl thun konnte, war
dieses, daß er dann und wann mit Fröhlichs
und den übrigen Kindern aufs freye Feld spa⸗
zierte, um ihnen von den daselbst befindlichen
Dingen anschauliche Begriffe beyzubringen.
Auch gieng er mit ihnen in eine Frucht⸗ oder
Papier⸗ oder Sägmühle, und ließ sich von dem
Müller die innerliche Einrichtung derselben zei⸗

gen *). Auch gieng er mit ihnen zum Baden,
weil er viel zu sehr vom Nuzen desselben überzeugt war, wie sehr viel es zur Gesundheit und
zur Vestigkeit des Körpers beytrage ꝛc. ꝛc.

Hierüber, so wie über jene Spaziergänge,
machten nun anfänglich die Dorfbewohner große
Augen — einige spotteten darüber, andere er-
klärten diesen Unterricht für unnöthig, und noch
andere sagten: man leite die Kinder zum Müssiggang an. Aber mein Vetter und Fröhlich
sezten sich über diese Urtheile hinweg. Und da
lezterer Gelegenheit hatte, da und dort die Absicht bey diesen Spaziergängen zu erklären, so
hörte das Gerede der Tadler auf, ja, zulezt
kam es noch so weit, daß einige Eltern bey
meinem Vetter anhielten, ob sie doch ihre Kinder nicht auch schikken dürften. Wenigstens,
sagten sie, erzeige Er uns die Gefälligkeit, sie
an dem Orte, wo Seine Schüler sich baden,
auch baden zu lassen, damit sie eine Aufsicht
haben, und wir nicht wegen ihnen in Sorgen

---

*) Hierzu hatte ihn die schöne Schrift bewogen: „Un-
terhaltungen eines Land-Schullehrers mit seinen
Schülern auf Spaziergängen, über merkwürdige
Wörter und Sachen in der Natur und im gemeinen Leben."

ſtehen dürfen. Denn die Buben ſind bisweilen
ſo gar frech *).

Klugmanns Kinder (deren Ankunft bey mir
ich zu melden vergeſſen habe) machten mir ſo-
wohl durch ihre Lernbegierde, als auch durch
ihre ſittſame Aufführung große Freude, und
meine eigenen Kinder wurden dadurch in bey-
der Hinſicht durch ſie zur Nacheiferung erwekt.
Ihnen ſelbſt aber gefällt es bey mir und auf
dem Lande auſſerordentlich wohl. „O dürften
wir unſer ganzes Leben hier zubringen, ſagten
ſie lezthin einmüthig. Auf dem Lande iſt einem
doch noch ſo wohl, als in der Stadt!“ Und,
o wie vieles, ſezte der ältere noch hinzu, haben
wir hier ſchon gelernt, das wir in der Stadt
nicht hätten lernen können. Denn da hatte unſer Herr Schulmeiſter, als Studioſus, ſehr
viele Informations-Stunden, und da hätte er
alſo nie Zeit gehabt, mit uns auf das Feld zu
ſpazieren, und uns da ſo nüzliche Kenntniſſe
beyzubringen. Das freute mich nun ausnehmend; und auch ihr Vater, als ich ihm davon
Nachricht gab, hatte darüber die größte Freu-

---

*) und treiben manchmal ſchrekliche Dinge! ſezte ich
    hinzu. Doch hiegegen werde ich nächſtens bey Em-
    pfehlung einer herrlichen Volks-Schrift einen be-
    ſondern Aufſaz empfehlen.

be. Nun ward mein Vetter vom ganzen Dorfe
geschäzt und geliebt. Viele Eltern dankten ihm,
wo sie ihn sahen, für seine Fürsorge für ihre
Kinder. Dadurch wurde denn sein Eifer beym
Unterricht von Tag zu Tag mehr angefeuert. —
Der gute Ruf von ihm verbreitete sich in das
ganze große Gebiet — und er erhielt nach ei=
niger Zeit einen Ruf als Schullehrer in ein
Städtchen. Anfänglich kizelte ihn das freylich,
und er hätte sich fast entschlossen, ihn anzuneh=
men. Als ich ihm aber vorstellte, daß er da
noch zwey Kollegen hätte, welche leicht eifer=
süchtig werden könnten, wenn Er mehr Beyfall
finden sollte, und daß da alles sehr theuer seye,
da er hingegen hier vieles geschenkt bekomme,
manches wolfeil kaufen, und noch anderes selbst
anpflanzen könnte: da ich ihm besonders vor=
stellte, daß er dort nicht so, wie hier, informi=
ren dürfe, sondern sich strenge nach dem alten
Lektionsplan richten müste: so besann er sich
keinen Augenblik länger. Ich bleibe bey mei=
nen braven Birkheimern! sprach er; und schrieb
die Vokation ab.

Fünfundzwanzigstes Kapitel.

Meine Empfehlung des Volkslehrers von Stilling. Folge davon. Klugmanns und Fröhlichs älteste Söhne entschließen sich, die Theologie zu studiren. — Beschreibung einer Schulfeyerlichkeit. Mein Vetter verliebt sich.

An einem Sonntag des Abends kam mein Fröhlich zu mir — als ich eben die lezten Bogen von Stillings *) Volkslehrer vor mir liegen hatte. Nun, was haben wir guts Neues? fragte ich ihn, nach seinem abgelegten Gruß. Da langte er Lienhard und Gertrud, nebst der Geschichte des Dörfleins Traubenheim hervor, dankte mir noch einmal recht herzlich dafür, und bat sich wieder ein neues Buch von mir aus. Da kommt Ihr mir eben recht, sagte ich, hier hab ich ein Buch, das ganz und völlig für die Landleute taugt. Denn es ist so leicht, so faßlich, so schön und lehrreich geschrieben, als ich noch keines habe kennen gelernt. Der brave Mann, der es gemacht hat, hat ihm mit Recht den Titel: der Volkslehrer gegeben. Es werden darin lauter merkwürdige, lehrreiche und

*) Jung ist sein eigentlicher Name. Dieser würdige Mann hat noch mehrere schöne und erbauliche Schriften herausgegeben.

erbauliche Erzählungen von Vorfällen und Begebenheiten vorgetragen, die sich hin und wieder, da und dort im menschlichen Leben ereignet
haben, die aber für uns alle neu sind: und die
vornehmste Absicht des Verfassers dabey ist diese: daß dem Volk die wichtige und trostvolle
Lehre von der göttlichen Vorsehung und
Regierung an diesen Beyspielen recht einleuchtend werden möchte. Er zeigt daher den
Nuzen des Fleißes und der Arbeitsamkeit, den
Nuzen der Ordnung und Reinlichkeit, den Nuzen
der Mäßigkeit, Klugheit, Sparsamkeit u. f. w.
so wie auch den Schaden — oder die schädlichen
Folgen des Unfleißes, des Müssiggangs, der
Verschwendung, der Unreinlichkeit, der Unmäßig-
keit u. f. w. Besonders aber zeigt er den großen
Nuzen des Vertrauens auf Gott, und eines damit verbundenen recht andächtigen und
inbrünstigen Gebets. In Absicht auf dieses
wird es euch zwar gehen, wie mir, ich wunderte mich sehr, daß die von ihm erwähnten
Personen allemal erhört, und aus dieser und
jener Noth herausgerissen wurden; da das doch,
wie wir gleichfalls an so vielen Beyspielen, und
auch bey uns selbst wahrnehmen können, nicht
allemal geschieht; da aber der Verfasser versichert, daß dieß wahre und keine erdichtete

Vorfälle seyen, so müssen wir ihm als einem
ganz glaubwürdigen Mann auch wirklich glauben. Uebrigens begehrt er nicht zu läugnen,
daß diese andächtigen Beter auch das ihrige dabey gethan, und es an Nachdenken, an Klugheit, an Fleiß, u. s. w. nicht haben fehlen lassen. Ueberhaupt ist das ein großer Vorzug dieser Erzählungen, daß sie größtentheils wahr,
und nicht erdichtet sind. So können sie also
auch einen bessern Eindruk auf das Volk machen,
und man ist um so geneigter, jenen aufgestell-
ten Personen in ihrem Verhalten nachzuahmen,
oder ihre begangene Fehler zu vermeiden. Freuet
Euch also nur recht auf dieses herrliche Buch.
Ihr werdet es mit dem größten Vergnügen lesen, und euch recht daraus erbauen. Ich muß
euch doch auf einige der wichtigsten Erzählungen
und Gespräche aufmerksam machen.

Im ersten Stük — Gespräch des Volkslehrers
mit dem Bauern Jakob wegen der Heyrath
seines Konrads — und mit Lenchen, Konrads
Braut.

Im zweyten Stük — Mancherley Geschichten,
woraus die gemeinen Leute recht klug werden
können, wenn sie wollen. — Von einem Mann,
der mit aller Gewalt reich werden wollte, und

wie's ihm gieng. — Von der Winterfütterung
des Rindviehes.

Im dritten Stük — Geschichte des Hieronymus
Schauers, eines im Unglük glüklichen Mannes.
— Von einer erschreklichen Sünde unter jun-
gen Leuten — und Mittel dagegen.

Im vierten Stük — Friedrich Großmanns Geschichte. — Geschichte eines Mannes, welcher lernte, warum er in der Welt sey. — Geschichte eines klugen Schäfers. —

Im fünften Stük — Eine gar lehrreiche Geschichte von einem Pfarrer und seiner Gemeinde. — Eine Geschichte von einem armen
Handwerksmann. — Eine Geschichte, welche
lehrt, wie man seine Leibes- und Seelenkräf-
te anwenden müsse.

Im sechsten Stük — Wie die Bauern in einem
Dorf ihre Schule verbessert haben. — Er-
schrekliche Geschichte von einem Säufer. —
Von den Donnerwettern. — Eine merkwür-
dige Geschichte von einer besondern Bewahrung
Gottes.

Im 3ten Band werden einige biblische Geschichten von Adam an bis auf die Geschichte der
Israeliten, oder der Nachkommen Israels (Ja-

kobs) erzählt — die Euch zwar, dem Inhalt nach, schon bekannt sind. Aber der Verfaſſer erzählt ſie ſo natürlich und mit eingeſtreuten guten Gedanken und Lehren, daß ihr ſie gewiß mit Vergnügen leſen werdet *).

Hierdurch wurde er ſo begierig nach dem Buche gemacht, daß er nicht einmal bey mir

---

*) Ich habe zwar keine Beurtheilung dieſer Schrift geleſen, kann mir aber vorſtellen, daß es an dieſen bibliſchen Erzählungen wird getadelt worden ſeyn, daß der Verfaſſer alles im buchſtäblichen Verſtande genommen hat; da man doch heutzutag das Wunderbare in ſo manchen Erzählungen des A. T. wegzuthun bemühet iſt, und gewiſſe Vorfälle und Naturerſcheinungen den heutigen Naturkenntniſſen gemäß vorgeſtellt hat, um nicht alle Augenblife einen Engel erſcheinen laſſen zu dürfen u. ſ. w. Faſt möchte ich es aber an dem Verf. billigen, daß er den buchſtäblichen Verſtand beybehalten hat. Denn es fehlt unſerm Volk noch an Vorerkenntniſſen, um die neuere Darſtellung jener Geſchichten wahr und richtig zu finden. — Wenigſtens ſchadets ihm nicht, wenn es glaubt, daß alles ſo wunderbar hergegangen ſey. (Denn, was einem Gelehrten oder Philoſophen anſtößig iſt, das iſt dem Volke nicht anſtößig.) Und darauf darf und ſoll ein jeder Volksſchriftſteller Rükſicht nehmen, um nicht mehr Schaden als Nuzen zu ſtiften.

ein Glas Bier annahm, sondern eilends, und
voll Freude mit nach Hause gieng. Es vergiengen auch keine vierzehen Tage, als er wieder zu mir kam, und mich bat, ihm das Buch
von der Stadt kommen zu laſſen, dieß müßte er
eigen haben. Auch verſicherte er mich, daß
allemal, ſo oft er darin leſe, einige ſeiner guten Freunde dabey ſeyen, und daß der Herr
Schulmeiſter ihn dann im Leſen ablöſe. Wie
ſehr mich dieſe Nachricht freute, kann man ſich
vorſtellen. Du haſt alſo, ſagt ich zu mir ſelbſt,
abermals etwas beygetragen, daß gute nüzliche
Kenntniſſe unter den Mitgliedern deiner Gemeinde verbreitet werden, und daß mehrere zu beſſern Geſinnungen, und zu einem beſſern Verhalten werden gebracht werden. O welch ein
ſeeliger Gedanke! Und, o wenn einige meiner
Amtsbrüder durch dieſe Erzählung bewogen würden, dieſe Schrift, die ſo ganz fürs Volk iſt,
gleichfalls unter ihre Gemeinden zu verbreiten.
— Gott, welche herrliche Früchte könnten daraus hervorwachſen! Wie würden ſich die Folgen hiervon auf Welt und Nachwelt erſtreken!
Und dann — Heil und Seegen dir, würdiger
Mann, der du dieſes Buch geſchrieben haſt! —

Doch ich fahre in meiner Geſchichte weiter
fort. Der älteſte Sohn Klugmanns, Albrecht,

und der älteste Sohn Fröhlichs, Konrad, wa=
ren jezt vierzehn Jahre alt. Ich fragte sie da=
her einmal: ob sie noch nie darüber nachge=
dacht hätten, was sie werden, zu was für ei=
ner Lebensart sie sich entschließen wollten? O ja!
antworteten beyde zugleich, wir wollen, wenn
es unsere Eltern erlauben, studiren. Und was
denn, fragte ich weiter? Beyde sagten, Geist=
liche, und zwar Landgeistliche wollen wir werden!

Ich. Was mag Euch doch hiezu bewogen ha=
  ben? Vermuthlich das ruhige Leben eines
  Landgeistlichen, und die damit verbundene
  Vortheile und Bequemlichkeiten?

Beyde. Nein! gewiß nicht.

Ich. Nun was denn? Rede einer nach dem
  andern!

Albr. Es ist doch gar zu schön, wenn ein Mann
  auf der Kanzel steht, und einer ganzen Ge=
  meinde etwas Gutes vorträgt, und sie so vä=
  terlich zum Guten ermuntert.

Konrad. Ja! und wenn er sich der Schuljugend
  annimmt, daß sie hübsch verständig, und wohl=
  gesittet wird.

Albr. Und wenn der Hr. Pfarrer so vielen Leu=
  ten guten Rath geben kann, wie sie sich in

Krankheiten und in andern Fällen und Umständen klüglich verhalten sollen.

Ich. Nun! wenn das die Beweggründe sind,
die Euch bey Eurem Entschluß geleitet haben,
so muß ich Euch loben. Aber wollt ihr solche Männer werden, so habt ihr noch gar
vieles zu lernen — mehrere Sprachen, allerhand Wissenschaften — —

Albr. O das will ich gern!

Konr. Ich auch. Gute Bücher sind meine größte
Freude.

Albr. Auch mir ist nie wöhler, als wenn ich
in einem schönen und lehrreichen Buch lesen
darf.

Ich. Von einem Geistlichen erwartet man aber
auch unsträfliche, und anständige Sitten. Ja
er muß sich durch eine strenge Tugend auszeichnen, und schlechterdings keinem Laster ergeben seyn, keinen großen Fehler an sich haben; sonst reißt er mit seinem Beyspiel wieder nieder, was er mit seinen Lehren aufge-
bauet hat.

Beyde. Auch daran wollen wir es gewiß nicht
fehlen lassen.

Ich. Aber Ihr seyd Beyde sehr lebhafte Bursche, und — auf dem Gymnasium, noch mehr
auf der Universität ist man vielen Versuchungen ausgesezt. Und — es fehlt euch noch an
Welt- und Menschenkenntniß!

Albr. Ich werde hübsch zu Hause bleiben, und
nicht, oder nur sehr selten, in Gesellschaften
gehen!

Konr. Ich werd' es auch so machen.

Ich. Aber Ihr habt auch Beyde Ehrliebe;
und, wenn Ihr nicht unter andere Bursche
geht, werdet Ihr von ihnen verspottet, ge-
hasset, verfolgt werden.

Albr. Ja! ich will doch freundlich gegen sie
seyn.

Konr. Und ich will alle Gelegenheit vermeiden,
mit ihnen in Streit zu gerathen.

Ich. Nun, das läßt sich so hören. Doch — ich
will euch, wenn mich Gott leben läßt, schon
einige Klugheitsregeln mit auf den Weg geben. Aber noch Eins! Ihr werdet lange
hin zu eurer Versorgung haben. Ihr könnet
dreyßig bis sechsunddreyßig Jahre alt werden, bis Ihr eine Pfarre bekommt.

Albr. Hat nichts zu bedeuten. Da lern' ich recht französisch, und was noch mehr dazu gehört, und sehe mich nach einer Hofmeister-stelle um.

Konr. Und ich halte mich nach den Universi-tätsjahren bey meinem Vater auf — und übe mich bey Ihnen im Predigen, und gebe eini-gen Dorfkindern Privatstunden.

Ich. O was Ihr für gute, liebe Bursche seyd! Nun, so segne dann Gott euer Vorhaben, und lasse euch alle Hindernisse und Versuchungen, die euch in den Weg kommen werden, glück-lich besiegen! Mich sollte es herzlich freuen, wenn ich so lange lebte, bis ihr wieder nach Hause kommet. — —

Den Augenblik — da ich eben sagen wollte: Jezt will ich euch die lateinische Sprache leh-ren! — kommt eine Chaise vor mein Haus — und — o welche Freude! — Es waren die El-tern Albrechts, mein lieber Klugmann und seine brave Frau. Nachdem sich Vater und Mutter und Sohn gegrüßt und geküßt — und ich und meine Frau die Hände gegeben hatten, sagte ich: das heißt mir einmal eine angenehme Ue-berraschung; worauf Klugmann erwiederte: die Ueberraschung müssen Sie mir verzeihen. Ich

wollte mich doch auch einmal mündlich nach
dem Verhalten meines Albrechts erkundigen.
O! sagte ich, Er hätte mir keine größere Freude machen können! und Er kommt so gar geschikt: denn übermorgen hat unsere Schuljü-
gend eine besondere Feyerlichkeit — sie wird
sich draußen vor unserm Dorfe unter der gros-
sen Linde durch Tanzen erlustigen — und auch
Bier und etwas Gutes zu essen bekommen. In
Prozession werden die Kinder hinausziehen, und
mein lieber Schulmeister wird sich nicht schämen, sie anzuführen, und an ihrer Freude Theil
zu nehmen. Hierüber bezeugten dann Beyde
eine große Freude. Sodann erzählte ich ihnen, was ich so eben mit den Knaben für eine
wichtige Unterredung gehabt. Da kamen dann
beyden Eltern die Thränen der Freude in die
Augen. Und Klugmann erklärte sich, so wie
Fröhlich (den ich inzwischen hatte herholen lassen), daß sie gar gerne ihren Willen zum Studiren ihrer Söhne geben.

Nun, sagten beyde Knaben, wollen wir übermorgen noch so lustig seyn, weil wir jezt wissen, woran wir sind.

Dieser frohe Tag kam nun herbey, und ich
hoffe, eine kurze Beschreibung dieser Feyerlich-

keit werde meinen Lesern nicht unangenehm seyn.
Ja, ich hoffe sogar, daß durch meine Beschreibung an mehreren Orten Beamte und Pfarrer
werden bewogen werden, auch eine solche Feyerlichkeit zu veranstalten. Denn es ist sehr traurig, daß es noch in so vielen Dörfern daran
fehlt. Die guten Kinder müssen doch von Mi-
chaelis an bis Pfingsten in die Schule gehen (und
dieß ist an den mehresten Orten eine kleine,
dunkle Stube, wo sie so eng beysammen sizen,
daß sie kaum Athem holen können. An frische
Luft ist gar nicht zu denken). Sie stehen gar
oft unter einem mürrischen verdrüßlichen Schulmeister, wenigstens unter einem Manne, der
von der Erziehung der Kinder gar nichts versteht. (Ausnahmen giebt's überall; aber sie sind
sehr rar.) Und der Unterricht selbst — wie ganz
ohne Anmuth und Interesse für ihre jugendliche
Vernunft, und für ihr weiches Herz! Jede
Aeußerung ihrer Lebhaftigkeit wird, ohne alle
Untersuchung, mit dem Stekken bestraft. Auch
wird zwischen einem Kind von gutem und von
schwachem Gedächtniß gar keine Rüksicht genommen. Dasjenige, welches seine Lektion nicht
fertig hersagen kann, wird ohne Gnade gestraft.
Kurz — alles ist darauf eingerichtet, ihnen das
Lernen zur Last, und die Schule zu einem Ge-

fångniß zu machen. Und solchen Kindern sollten nicht des Jahrs ein Paar Freudentage gegeben werden? Welche Grausamkeit! *) Und
doch ist's so auf den mehresten Dörfern. Auch
auf meinem Dorfe ward vorher keine Feyerlichkeit gehalten. Ich veranstaltete sie aber gleich
nach meiner Ankunft, mit Beyhülfe meines Hrn.
Amtmanns. Und diese wurde nun folgender
Maßen gehalten. Morgens um neun Uhr kamen die Kinder in der Schule zusammen — alle
in ihren Sonntagskleidern (denn wir hatten bey
Errichtung dieser Feyerlichkeit die wohlhabenden
Eltern ausdrüklich gebeten, daß sie bey dieser
Gelegenheit doch ja keinen Staat mit ihren Kindern durch neue Kleidungsstükke machen möchten, weil das für die Unbemittelten nur eine
Versuchung wäre, es nachzuthun), ihr Gesicht

*) Diese Grausamkeit fällt noch mehr in die Augen,
wenn man bedenkt, daß doch die Erwachsenen sowohl im Ehestande, als auch und besonders die ledigen Leute, zum öftern einen Freudentag haben.
Die erstern an der Kirchweih und bey dem Hochzeitmahl ihrer Verwandten, und die andern auch
an der Kirchweih, und an den Jahreszeiten Weih-
nachten, Ostern, Pfingsten, und auch dann und
wann zu Hochzeiten kommen; also nur die Kinder
gehen leer aus.

war rein mit kaltem Wasser gewaschen, ihre
Haare ordentlich gekämmt, und bey den Mädchen in Zöpfe geflochten. Nun gieng der Zug
— je vier und vier in einem Reihen an meinem Hause vorbey, und dann gegen die Linde.
Voran giengen drey Musikanten, und nebenher
der Schulmeister in einer sehr natürlichen bun-
ten Kleidung, doch mit schwarzer Weste. Dort
genoßen sie Butterbrod und Buttermilch. Auch
wurde jedem für zwey Kreuzer ein Eyerbrod ausgetheilt. Nachdem sie etwas genoßen hatten,
ermunterte sie der Schulmeister in einer kleinen
Anrede: sie sollten sich nun recht lustig machen.
Denn diese Ergözlichkeit sey als eine kleine,
sinnliche Belohnung ihres in der Schule bewie-
senen Fleißes und Wohlverhaltens angeordnet
worden. Dann fügte er noch bey: es hätten
zwar einige unter ihnen, wegen ihres besondern
und ausgezeichneten Fleißes und Sittsamkeit,
Preise *) verdient, man wolle aber dadurch
die andern, welche doch auch brav gewesen
seyen, nicht niederschlagen, oder zum Neid und
zur Eifersucht reizen; sie sollten sich nur bestreben, jenen ähnlich zu werden: dann sollten

---

*) Ich kann nicht umhin, hier offenherzig zu gestehen,
daß ich darauf nicht viel halte.

sie über's Jahr Alle mit einem schönen Buche
beschenkt werden. Nun begann ein Tanz. Aber
der Schulmeister machte es nicht, wie ich es
sonstwo schon gesehen habe, daß er sich nun
entfernt hätte. Nein! Er lief um den Reihen
herum, lächelte den guten Tänzern, und den
frohen Gesichtern der Kinder seinen Beyfall zu,
sprach mit ihren Eltern, und überließ sich ganz
seinen frohen Empfindungen. Als sie so eine
Viertelstunde getanzt hatten, lagerten sie sich auf
Rainen und Bänken, die daher gemacht worden
waren. Dann giengen sie zu zwey Spieltischen,
wo diejenigen, welche das meiste würfelten, entweder ein Glas, oder ein zinnernes Salzfäß-
chen, oder ein Krüglein von Porzellain, oder
einen solchen Teller gewannen. Nachher ward
wieder eine Viertelstunde getanzt — dann wurde im Freyen zu Mittag gespeißt. Herr Amt-
mann, und ich, und der Schulmeister, nebst
dem Anwald speißten an einem Tische ganz nahe
bey den Kindern, und genoßen auch ein Glas
Wein; die Kinder aber bekamen zu ihrem Essen
ein gutes Glas Bier. Jezt war's Ein Uhr,
und die Hize sehr groß. Daher spazierte nun
alles, je zwey und zwey, in das nahe liegende
Wäldchen. Da gieng's nun über die hübschen
wilden Röschen her, die gerade im Aufblühen

waren, und die Knaben schmükten damit die
neuen Strohhüte der Mädchen. Diese aber
reichten ihnen dagegen einen Strauß von Lev-
kojen und Rosmarin, den sie schon den Tag zuvor zusammen gemacht hatten. Um drey Uhr
spazierte man wieder zur Linde; die Kinder bekamen gestokte Milch mit Brod: dann ward
wieder getanzt. Nachher aßen sie ein Eyerbrod
und eine Wurst, und tranken ein Glas Bier.
Und endlich gieng der Zug, wobey die Musikanten einige hübsche Märsche aufspielten, durch
einen kleinen Umweg wieder nach Hause. Den
andern Tag war noch einmal Feyertag. Aber
nur des Nachmittags durften sie bey der Linde
tanzen; und es wurden jedem unter ihnen ein
Paar Wekken ausgetheilt — nebst Bier. Auch
jezt blieb der Schulmeister bey ihnen, und ermunterte sie zur Freude. Am Schluß hielt er
noch eine kleine Anrede an sie, daß sie nun,
da die Schule nach 14. Tagen würde geschlossen
werden, an den Sonntagen für sich etwas nüzliches lesen, lernen, und sich auch im Schreiben üben, und ihren Eltern durch ihr Wohlver-
halten Freude machen möchten. Wir alle, und
auch die Eltern, welche, so wie am vorigen
Tag, zugegen waren, wurden dadurch sehr gerührt. — An meinem Vetter aber nahm ich

eine befondere und ihm fonft ungewöhnliche Munterkeit wahr. Ich fragte ihn alfo nach der Ur-
fache derfelben. Anfänglich gab er mir folgende fehr natürliche Gründe an: Erftlich erfülle
der Gedanke fein Herz mit Wonne, daß er hoffen dürfe, daß aus feinen Schulkindern dereinft
recht brave und brauchbare Menfchen werden
würden; diefe Vorftellung fey befonders bey der
leztern Feyerlichkeit und bey dem Anblik aller
feiner Kinder fehr lebhaft in ihm geworden.
Sodann fagte er, freut es mich doch auch, daß
mir die mehreften Eltern durch allerley Gefchenke
ihre Achtung und Liebe bezeugen. So hatten fie
z. E. kaum gehört, daß ich großen Mangel an
Weißzeug hätte; und gleich verehrten mir einige, (denen freylich wieder Fröhlich mit fei-
nem Beyspiel vorangieng) Tuch zu Ober- und
Unterhemden — und andere fchenkten mir Flachs.
Das ift alles gut, fagte ich, und muß Sie
nothwendig aufmuntern. Aber Ihre Munterkeit fcheint mir noch aus einer andern Quelle
zu entfpringen. — Da geftand er mir denn,
daß er zu des hiefigen Müllers Tochter eine
Neigung bey fich verfpüre. Ihr Vater, fagte
er, hat mich fchon etlichemal zu fich eingeladen,
(wie es denn fcheint, daß er mich wohl leiden
mag) und da hat mir denn das Betragen feiner

älteſten Tochter, Chriſtine, äußerſt wohl gefallen. Ich höre auch, daß ſie ſich mit keinem ledigen Burſchen beſonders einläßt und abgiebt,
und beſonders gefällt es mir an ihr, daß ſie ſo
aufmerkſam zuhört, wenn ich ihrem Vater dann
und wann etwas vorleſe. Geſtern und vor-
geſtern ſprach ich ſie bey unſrer Linde, und da
ſchien ſie mir beſonders freundlich zu ſeyn. Da
nun ihr Vater mehrere Mädchen hat, die eben
nicht alle Hofnung haben, Bäuerinnen zu werden, ſo glaube ich faſt, ich dürfte mir, wenn
ich um ſie anhielte, einige Hofnung machen,
ſie zu bekommen. Ich will nur das liebe Mädchen noch mehr ausforſchen. Und dann wag
ichs in Gottes Namen. Zwar bin ich recht gerne bey Fröhlich. Aber er und ſeine Frau ſind
doch wegen mir in etwas genirt, und überhaupt
möcht' ich eben doch eine eigene Haushaltung
haben. Und je früher ich heyrathe, deſto eher
darf ich hoffen, meine Kinder ſelbſt erziehen zu
können. Ja ich darf es Ihnen wohl geſtehen,
daß das ein Hauptgrund mit war, warum ich
mich entſchloß, ein Landſchulmeiſter zu werden.
Als Studioſus hätte ich es wahrſcheinlich, wie
die mehreſten gemacht, die bald öffentlich, bald
in der Stille ein eigen Mädchen haben — und
daraus entſpringt nichts Gutes, oder ich wäre

gar auf andere Ausschweifungen verfallen. — Ich mußte das, was er da gesagt hat, nothwendig billigen, und versprach ihm daher auch, wenn es nöthig seyn sollte, etwas beym Müller für ihn zu thun.

Sechsundzwanzigstes Kapitel.

Etwas von meiner Baase. — Mit der Verbindung des Schulmeisters wirds richtig. — Beschluß: Ob sich der Mensch diese Erde zum Himmel machen, oder sich darauf einen Himmel versprechen dürfe.

Ich zweifle nicht, daß einige meiner Leser sich für meine Baase interessirt haben werden. Diesen wird es also nicht unangenehm seyn, wenn ich ihnen sage, wie sie in ihrem Ehestand gelebt habe; und Verlobte könnten sich, wenn sie wollten, eine und die andere gute Lehre aus meiner Nachricht schöpfen. Ich hatte ihr nemlich gleich bey ihrem Abschied von mir und meiner Frau versprechen müssen, sie einmal zu besuchen. Dieß that ich denn vor wenigen Tagen um so lieber, da ich von ihr einen Brief erhalten hatte, worin sie mich sehr nachdrüklich an mein

Versprechen erinnerte, und da es mir voraus
ahndete, meine Gegenwart könnte vielleicht von
einigem Nuzen seyn. Auch war die Gegend, wo
sie wohnte, und der Weg dahin, so schön und
reizend, daß ich nirgendhin so gern als dorthin reise. Als ich nun hinkam, fand ich ihren
Mann, der von der Verstellung nichts wußte,
ziemlich unaufgeräumt. Meine Baase aber, die
als ein Frauenzimmer darin Meisterin war,
wenn sie nemlich glaubte, ihre Zuflucht dazu
nehmen zu müssen, (denn im Grund hatte sie
das redlichste Herz) nahm eine ziemlich heitere
Miene an, so lange sie mit mir redete. Aus
ihrem Betragen gegen ihren Mann aber leuch-
tete eine gewisse Gleichgültigkeit, so sehr sie sie
auch zu verbergen suchte, deutlich hervor. Da
ist's nicht richtig! dacht' ich bey mir selbst, und
es klärte sich bald auf, daß ich richtig gemuth-
maßt hatte. Als ich nun eine halbe Stunde da
gesessen hatte, welche blos durch Erkundigung
von unserm beyderseitigen Befinden verstrich,
wurde meine Baase in den Laden geholt, und
ich merkte, daß es etwas zu messen und zu rechnen gab. Ihr Mann wußte also, daß sie sobald nicht herein kommen würde. Er fieng daher das Gespräch mit mir sehr absichtlich mit
den Worten an: Sie sind doch ein recht glükli-

cher Mann! Meine Frau hat mir schon gesagt, wie vergnügt Ihre Ehe sey.

Ich. Und ich hoffe, Sie werden es auch seyn, und auch eine vergnügte Ehe haben.

Er. (Die Achseln zukend) Ich muß gestehen, daß ich mirs besser wünschte.

Ich. Was Sie doch sagen! Nichts weniger als dieß hätte ich vermuthet! Und wer ist daran am meisten Schuld! — ich bitte, mir dieß aufrichtig zu sagen.

Er. Es kann wohl seyn, daß ich nun auch nicht so bin, wie ich seyn sollte. Aber — meine Frau macht mirs schon darnach. In den ersten Wochen — o da schmeichelte sie mir — da war sie so liebreich und so sanft! — und jezt ist sie gerade das Gegentheil. Selten, außer wenn sie gern ein neues Kleid hätte, ist sie freundlich zu mir; sonst aber bekomm ich wenig gute Worte. Ja, sie behandelt mich zuweilen so, als ob ich der allereinfältigste Mann wäre; und überdieß — weiß ich nicht, was ich von ihrer ehelichen Treue denken soll — will sie mir nur böse Stunden machen, oder ists ihr Ernst, daß sie einem gewissen ledigen Menschen, der vielleicht auf eine meiner Schwestern Absichten hat, übertrieben

freundlich begegnet. Bey alle dem thue ich
ihr nichts zu Leid. Vielmehr mache ich ihr
so viel Vergnügen, als es meine Umstände
und meine Profession erlauben. Aber sie möch=
te immer mehr Zerstreuung haben, möchte
dort zu einem Tanz, und dort zu einem Ball,
und so oft meine Schwestern in eine Gesell=
schaft gehen, möchte sie dabey seyn. Das
geht aber bey meiner Profession und Hand=
lung schlechterdings nicht an. Zwar bleibt sie
zu Hause, wenn ich es nicht gern sehe, daß
sie wohin geht. Aber dann macht sie mir
auch das unfreundlichste Gesicht, und ich be=
komme von ihr denselben Tag kein gutes Wort
mehr. Uebrigens ist sie mir wegen ihrer Ein=
sichten, ihres Fleißes, ihrer Sparsamkeit, und
andern Eigenschaften doch recht lieb. O wenn
Sie ihr zureden wollten, daß sie ein wenig
anders gegen mich wäre — wie sehr wollt'
ich Ihnen danken. Sie könnens schon ein=
richten, daß sie nicht merkt, was ich mit Ih=
nen geredet habe. Sobald sie herein kommt,
will ich mich entfernen — und eine halbe
Stunde außen bleiben.

Ich. O das hätte ich auch ohne Ihre Bitte
gethan! Ein so braver Mann, wie Sie, ver=
dient eine bessere Behandlung. Nur muß ich

Sie auch bitten, fernerhin keine Eifersucht
bliken zu laſſen. Denn da wollt ich gut ſtehen,
Ihre Frau iſt Ihnen ganz getreu; da kenne
ich ſie zu gut! Es iſt übrigens nicht brav,
daß ſie Sie zu nekken ſucht. — Sie kam, und
er gieng.

Ich. Nun, wie gehts, liebe Frau Baas?

Sie. Schon gut!

Ich. Aber doch nicht ſo ganz gut!

Sie. Woher wollen Sie das ſchließen?

Ich. Aus Ihrer Bemühung, heiter zu ſcheи-
nen. Wie doch der Eheſtand die Frauen ſo
ſehr verändern kann!

Sie. Wie ſo? mein lieber Hr. Vetter Pfarrer.

Ich. In Ihrem ledigen Stande kannten Sie
— gegen mich — keine Verſtellung, zeigten
ſich mir ſtets offen. —

Sie. Im Eheſtand ſind auch die Umſtände ganz
anders — und wie unanſtändig wäre es, wenn
ich mit einem finſtern Geſicht vor Ihnen erſcheinen würde.

Ich. Das wäre mir weit lieber geweſen! Denn
da wäre ich ſo frey geweſen, und hätte Sie
nach der Urſache gefragt. Jezt aber — —

Sie. Sie werden ernsthaft, lieber Hr. Vetter!

Ich. Wer sollte es nicht werden? Es thut mir in der That wehe, daß Sie nicht das alte Zutrauen zu mir haben.

Sie. (weinend) Ach! lieber Hr. Vetter! ich halt' es nimmer aus. Verzeihen Sie meiner Zurükhaltung. Ich wollte Sie wahrlich nur mit unangenehmen Dingen verschonen. Und ein Weib, das ihren Mann verklagt, ist in meinen Augen kein braves Weib.

Ich. Sie hätten also doch Ursache dazu? Das will ich nicht hoffen!

Sie. Mein Mann ist im Grunde ein herzens-guter Mann. Nur schränkt er mich gar zu sehr ein. Immer soll ich zu Hause bleiben — und mit seiner unnöthigen Eifersucht hat er mich schon gar oft nicht wenig geärgert. Und wenns auf ihn ankäme, dürft ich immer alt-modische Kleider tragen. Da bin ich nun freylich manchmal verdrüßlich. Und das kann er gar nicht leiden.

Ich. Nach Ihrer Erzählung, liebe Frau Baas, sollte ich Ihnen fast Recht geben. Aber neh-men Sie mir nicht übel, ich glaube fast, es geht Ihnen, wie einem Advokaten, der ei-nen ungerechten Handel vertheidigen möchte.

Er weiß der Sache so einen Schein zu geben.
— Sie sehen — ich behalte meine alte Frey-
müthigkeit bey. Aber — was nüzt die Verstellung?

Sie. Freylich sucht er mir dann und wann ein
Vergnügen zu machen.

Ich. Und oft soll eine Frau bey so einer Hand-
thierung nicht ausgeben wollen! Die Besor-
gung Ihres Hauswesens — und die Sorge,
Ihren Wohlstand zu erhalten, ja, wo möglich, zu vermehren, muß Ihnen über alle Ver-
gnügungen geben. Oder, sagen Sie mir einmal aufrichtig: wann legen Sie sich vergnüg-
ter zu Bette? wenn Sie von einem Ball
heimkommen? oder wenn Sie Ihre häuslichen Pflichten treulich beobachtet haben?

Sie. Freylich im leztern Falle.

Ich. Und so lange Sie bey mir waren, blieben Sie so gern zu Hause!

Sie. Da hatte ich aber auch keine Versuchungen zu Lustbarkeiten. — Hier aber — wenn
ich sehen muß, daß diese und jene Frau da
und dorthin geht, oder fährt — — —

Ich. Es ist nur um eine Gewohnheit zu thun.

Und die Zufriedenheit Ihres Mannes, woran
Ihnen billig vieles gelegen seyn muß — und
der Beyfall Ihres Herzens — werden Sie
für eine entbehrte Ergözlichkeit reichlich schad-
los halten. — Und, was meinen Sie, was
verständige und rechtschaffene Personen über
solche Frauen, die auf jeden Ball gehen, urtheilen? — Und ich denke doch, das Urtheil
solcher Personen werde Ihnen nicht gleichgültig seyn.

Sie. Ich muß Ihnen freylich in Allem bey-
stimmen. — Aber das wird mich eine große
Selbstverläugnung kosten.

Ich. Und diese wird Ihnen Ehre machen —
und — Ihnen immer leichter werden.

Sie. Aber die Eifersucht meines Mannes
werden Sie doch nicht in Schuz nehmen?

Ich. Gar nicht. Aber doch sollten Sie der
Regel eingedenk seyn: Meidet allen bösen
Schein. — Suchen Sie aber Ihren Mann
nur zu nekken, wie ich gewiß glaube, so —
kann ich dieß unmöglich loben. Beobachten
Sie gegen Ihren braven Mann die Freundlichkeit, die nur Ihm gebührt, ohne gegen
sonst Jemand unhöflich zu seyn; und ich

stehe Ihnen gut dafür — seine Eifersucht
wird bald verschwinden.

Sie. O, ich danke Ihnen, bester Herr Vetter, daß Sie mir mein Gewissen geschärft
haben. Jezt seh' ich es ein, daß ich bisher
die Frau gar nicht war, die ich seyn sollte. —
Aber — ich will mich gewiß bessern.

Ich. Nun erkenne ich wieder in Ihnen das
gute Herz, das ich stets an Ihnen geschäzt
habe. Und gewiß! Sie werden durch Ihr
besseres Verhalten Ihre eheliche Glükseligkeit
sehr vermehren und erhöhen. Ja — je lieber Sie zu Hause bleiben, und ihm in seinem Gewerbe treuen Beystand leisten; desto
bereitwilliger wird er seyn, Ihnen zu Zeiten
ein neues Kleid machen zu lassen. — Aber
alle Moden nachmachen, ist thöricht. —

Nach einer Weile kam ihr Mann herein,
und wunderte sich nicht wenig, da er seine Frau
so verändert, und so heiter und freundlich antraf. Er konnte auch nicht umhin, ihr seine
Verwunderung darüber zu bezeugen. Da lief
sie auf ihn zu, küßte ihn, und sagte: von nun
an, lieber Mann, wirst du an mir eine ganz
andere Frau haben. Verzeih' es mir, daß ich

dir bisher durch meine üble Laune, durch mein
beständiges Knurren und öfteres Zanken — wenigstens durch ein kaltsinniges Betragen so viele
böse Stunden gemacht habe. Ich habe es jezt
einsehen lernen, wie unrecht ich gehandelt habe. — Diesem würdigen Mann (indem sie auf
mich zeigte) hast du das Alles zu danken.

Ich weiß wohl, meine Liebe, versezte ihr
Mann, daß du im Grunde ein gutes Herz hast.
Du sollst mich nun auch nicht mehr eifersüch-
tig sehen. Und alles, was bisher unter uns
vorgieng, soll vergessen seyn. Wir wollen vielmehr Beyde eifrig darauf bedacht seyn, uns
dieses ohnehin mit mancher Plage verbundene
Leben auf alle Weise zu versüßen.

O! wie mich dieser Auftritt rührte! Es ist
doch eine unbeschreibliche Freude, ein uneinig
gewesenes Ehepaar mit einander auszusöhnen.
Wir spazierten nun an einen benachbarten Ort,
tranken ein Glas Wein, und waren herrlich
vergnügt. Abends beym Mondschein spazierten
wir nach Hause, und ich hatte an der Zärtlich-
keit der beyden Eheleute, die sie jezt so deutlich gegen einander äußerten, die größte Freude. Den andern Morgen früh mit 3. Uhr trat
ich meine Heimreise an. Mein Herr Vetter

wollte mich heimfahren laſſen; aber ich verbat
mir's. Er und ſie begleiteten mich alſo zu
Fuß ein Paar Stunden. Da tranken wir eine
Schaale Kaffee, und ſchieden ſehr gerührt von
einander. Noch zwey Stunden machte ich zu
Fuß, unter den ſeeligſten Empfindungen und
Betrachtungen, dann war ich an dem Orte,
wo ich von einem meiner Bauern in einem hübſchen leichten Wägelchen abgeholt wurde. Und
in Zeit von vier Stunden kam ich wohl und
vergnügt bey den lieben Meinigen an, welche
mich freudig empfiengen, und ſagten, es ſey
ihnen vorgekommen, als ob ich ſchon einen Monat von ihnen entfernt geweſen wäre. O welches Glük, und welche Wonne, von den Seinigen herzlich geliebet zu werden! Beſonders
aber überhäufte mich meine Frau mit Lobſprü-
chen, als ich ihr erzählte, daß ich bey ihrer
Baaſe Ruhe und Frieden und Glükſeligkeit wieder hergeſtellt habe. Sodann erzählte ſie mir,
daß mein Vetter, der Schulmeiſter, ſich unterdeſſen mit des Müllers Tochter verlobt habe,
und daß er ſogleich Hochzeit machen werde. —
Müde von der Reiſe, legte ich mich bald zu Bette, und dankte Gott für das mir geſchenkte Vergnügen, und daß er meine Reiſe ſo beglükt hatte.

Beſchluß.

Nach Verfluß einiger Wochen erhielt ich von dem lieben Ehepaar, bey dem ich einge= kehrt hatte, ſehr angenehme Briefe. Auch bey Klugmann, den ich jezt wieder beſuchte, fand ich alles nach Wunſch. Er lebt mit ſeiner Frau, die ihm unterdeſſen Zwillinge gebohren hatte, und welche noch beyde leben und geſund ſind, in der vergnügteſten Ehe, und rühmte von ihr, daß ſie ſeinen Kindern eben ſo liebreich wie den ihrigen begegne, und eben ſo für ſie ſorge. Auch erzählte er mir, daß er von ſeinen Mit= bürgern je länger je mehr geſchäzt werde, und daß durch die geleſenen Bücher viele auf beſſe= re Wege gebracht worden ſeyen. Und mein Fröhlich iſt unterdeſſen Anwald geworden; und beyde haben die hofnungsvolleſten Kinder, und leben in gutem Wohlſtande. Von der Ehe mei= nes Vetters aber, der durch die Liebe ſchon jezt ein ganz anderer und belebterer Mann worden iſt, und von ſeinem Schulhalten darf ich mir mit Grunde alles Gute verſprechen *).

---

*) Den Tag nach ſeiner Hochzeit werde ich ihm des würdigen Juſts, Schulmeiſters zu Ozdorf, vor= trefliches „kurzgefaßtes und leichtes Lehr=

Und so haben denn meine Leser eine zwar kleine, aber sehr glükliche Anzahl von Menschen
kennen gelernt, die es durch ihre eigene Bemühung, durch Aufklärung ihres Verstandes,
durch Veredlung ihres Herzens, durch heilsame
Prüfungen — und durch fortgesezte Uebung im
Guten geworden sind. Alle führen ein sehr zu-
friedenes und vergnügtes Leben. Aber — haben sie wohl den Himmel auf Erden? und ists
möglich, daß wir uns unsern hiesigen Aufenthalt zum Himmel machen können? Hierüber
nur noch einige Worte! —

Wir haben aus diesen kleinen Fragmenten
einsehen gelernt, daß der Bürger und der Landmann eben so glüklich als der Reichste und Vornehmste in der Welt, den wir so oft beneiden,
werden kann, wenn er nur ernstlich will; daß
er es sogar in Absicht auf irdische Güter, oder

Lern- und Lesebuch für die Dorf-Ju-
gend 2c. nebst Schle; „fliegenden Volks-
blättern, und einem guten Predigt-Buch verehren. Auch soll, so bald sie da ist, Zerrenners Schulbibel eingeführt werden. Und so
hoffe auch ich durch Verbreitung nüzlicher Kenntnisse und durch fernere treue Amtsführung immer
froher und glükseliger zu werden.

Ehre, der Gesundheit, des zeitlichen Vermö-
gens 2c. auf einen sehr hohen Grad bringen
kann. Aber einen Himmel auf Erden kann
sich auch der allerglüklichste Sterbliche nicht
schaffen, so lange wir uns unter dem Himmel
einen Aufenthalt vorstellen, wo wir frey von
allen unangenehmen Empfindungen, die
von innen und von auffen in Uns erwekt werden, seyn werden. Eine solche Glükseeligkeit
können und sollen wir hienieden noch nicht
genießen. Wir können sie nicht genießen, weil
wir für unsere eigene Person nur sehr langsam
moralisch besser werden, und auch bey aller Vorsicht nicht alle Krankheiten und Unglüksfälle von
uns entfernen können, und dann — weil wir
die Denkungsart der Menschen unmöglich ändern können. Auch sie werden zwar allmählich
besser werden, und einander weniger kränken
und schaden, je mehr der Schulunterricht, der
Privatunterricht, der öffentliche Gottesdienst,
und die häusliche Erziehung *) verbessert wird.
Aber — nie wird es so weit kommen, daß die
Menschen wie Engel mit und unter einander
leben werden. Schon die gegenwärtige Beschaffenheit unserer Natur, welche nie ganz frey von

---

*) Auch die Staatsverfassungen ! ! !

Begierden und Leidenschaften seyn wird, die
bald mehr, bald weniger zu unserm und anderer
Menschen Schaden ausbrechen, erlauben dieses
nicht. Wir sollen aber auch hienieden keinen
Himmel haben; sondern, wir sollen nur erst
zum Himmel oder zum Genuß reiner Freuden
gebildet und erzogen werden. Dieß geht
aber ohne Leiden, Widerwärtigkeit und Prüfungen nicht an. Diese sind also zu unserer moralischen Verbesserung schlechterdings nothwendig, wovon ein jeder durch seine eigene Erfahrung sich überzeugen kann. Aber — sagt
der gute Salzmann: „Alles, was uns begegnet, können wir uns zur Wohlthat machen;
selbst unsere Feinde müssen wir als Engel ansehen; denn sie sind in der Hand Gottes Werk-
zeuge, uns moralisch besser zu machen, und oft
befördern sie ja ohnehin unser Glük, indem sie
uns unglüklich machen wollten, wie es z. E.
bey Joseph geschahe. Auch entsteht für uns
aus der treuen Uebung dieser Pflichten — aus
der Betrachtung der Werke der Natur ꝛc. ꝛc.
himmlische Seeligkeit."

In diesen Gedanken liegt freylich viel Wahres. Aber bey all unserer Bemühung, alles
von einer guten Seite anzusehen, oder zu un-

serm Vortheil zu benuzen, werden wir doch nicht
alle wirkliche Uebel (die für unsere Natur
Uebel sind,) von uns entfernen können. Bey
all unserm Bestreben, uns durch ein liebreiches,
sanftes, menschenfreundliches Betragen die Liebe
unserer Nebenmenschen zu verschaffen, wird es
uns doch nicht gelingen, uns vor allen feindli-
chen Anfällen und Kränkungen, vor Haß und
Verfolgung zu schüzen. Ja — je gewissenhaf-
ter wir sind, je mehr wir nach unsern bessern
Einsichten handeln wollen; desto mehr sind wir
— bey so vielen unaufgeklärten, schlecht erzoge-
nen, durch Beyspiele verdorbenen, und boshaften Menschen, die sich in höhern und niedern
Ständen befinden, in Gefahr, Opfer ihrer Un-
wissenheit, ihres Eifers für ihre Meynungen,
und ihrer Bosheit zu werden. Oder — sind
etwan die Uebel, welche im Karl von Karls-
berg — freylich sehr gehäuft, vorgestellt werden, unterdessen aus der Welt und aus der
menschlichen Gesellschaft weggeschafft worden?
Ich glaube, wir müßten die strengsten Stoiker
werden, wenn wir uns einbildeten, daß wir
hienieden einen Himmel hätten. Bey einem
Manne, der sich in einer sehr glüklichen äußerlichen Lage befindet, der ein sehr glükliches Temperament hat, der es in Weisheit und Tugend

schon sehr weit gebracht hat, und der eine lebhafte Einbildungskraft besizt, läßt es sich freylich denken, daß ihm — zumal in gewissen
frohen Stunden, die ich die Feststunden unsers
Lebens nennen möchte — diese Welt ein Himmel scheint. Aber — laßt uns theils auf unsere minder glüklichen, theils auf unsere sehr
unglüklichen Brüder und Schwestern —
auch nur auf die, die es ohne ihre Schuld
sind — unsere Blike werfen — und diese Welt
wird uns gewiß nicht mehr ein Himmel scheinen. Indessen haben wir deswegen nicht Ursache, unzufrieden zu seyn. Des Guten, das
wir hienieden genießen, oder doch genießen könnten, ist doch immer weit mehr als das Böse,
das uns begegnet. Es wäre also die größte
Undankbarkeit, wenn wir diese Welt als ein
bloßes Jammer- und Thränenthal ansehen
wollten, und wir versündigen uns an unserm
gütigen Schöpfer und Vater, wenn wir uns
das Leben, durch immerwährende Klagen und
durch Seufzen und Jammern verbittern.

Ich kann also diese Schrift nicht besser als
mit folgendem schönen Liede von Overbek beschließen —

Trost
für mancherley Thränen.

Warum sind der Thränen
   Unter'm Mond so viel?
Und so manches Sehnen,
   Das nicht laut seyn will?

Nicht doch, lieben Brüder!
   Ist das unser Muth?
Schlagt den Kummer nieder;
   Es wird alles gut!

Aufgeschaut mit Freuden
   Himmelauf zum Herrn!
Seiner Kinder Leiden
   Sieht er gar nicht gern!

Er will gern erfreuen,
   Und erfreut so sehr.
Seine Hände streuen
   Seegens gnug umher.

Nur dieß schwach Gemüte
Trägt nicht jedes Glük;
Stößt die reine Güte
Selbst von sich zurük.

Wie's nun ist auf Erden,
Also sollt's nicht seyn.
Laßt uns besser werden;
Gleich wirds besser seyn.

Der ist bis zum Grabe
Wohlberathen hie,
Welchem Gott die Gabe
Des Vertrau'ns verlieh.

Dem macht das Getümmel
Dieser Welt nicht heiß,
Der getrost zum Himmel
Aufzuschauen weiß.

Sind wir nicht vom Schlummer
Immer noch erwacht?
Leben und sein Kummer
Dau'rt nur eine Nacht!

Diese Nacht entfliehet,
   Und der Tag bricht an,
Eh' man sich's versiehet:
   Dann ist's wohlgethan!

Wer nur diesem Tage
   Ruhig harren will,
Kommt mit seiner Plage
   Ganz gewiß an's Ziel.

Endlich ist's errungen;
   Endlich sind wir da!
Droben wird gesungen
   Ein Victoria!

Anhang

eines

Briefs vom Schulmeister —

nebst

Fröhlichs Haustafel

für junge Leute

welche zugleich alle in dieser Schrift
enthaltene gute Lehren
darstellt.

Chriſtoph Preißler,
Schulmeiſter zu Birkheim,
in
ſeinem Bräutigamsſtand —
an
den Zunftvorgeſezten —
Heinrich Klugmann,
Buchbinder zu N.

Ich kann nicht umhin, Ihnen, liebſter Freund,
der Sie ſtets ſo liebreich an meinen Schikſalen
Theil nahmen, und mir ſo viele Wohlthaten er-
zeigten, zu melden, daß ich mich leztern Donners-
tag, den 25ſten Junius, mit des hieſigen Müllers
Tochter verlobet habe, und nach vierzehn Tagen mich mit ihr ehelich verbinden werde. Könnten Sie abkommen, und auch der Hochzeit bey-
wohnen, o wie würde mich das freuen! Inzwiſchen kann ich mich nicht enthalten, Ihnen,
ſo viel es ſich thun läßt, meinen jezigen Ge-

mütszustand zu schildern, und eines und das
andere, was mir wichtig scheint, beyzufügen.

In meinem Leben hätt' ichs nicht gedacht,
daß die Liebe so große Wirkungen und
Veränderungen in einem Menschen hervorbrin-
gen könnte, wie sie es bey mir gethan hat.
Es ist gleichsam ein ganz neuer Mensch an
Leib und Seele aus mir geworden. Dem Leibe
nach lebte ich vorher der Natur gerade entgegen. Anstatt mit kaltem, wusch ich mich mit
warmen Wasser; anstatt mich an die frische
Luft zu gewöhnen, verschloß ich mich beym kleinsten Regenwetter und Wind auf mein Zimmer.
An's Baden dachte ich gar nicht. Fehlte mir
etwas, so suchte ich mich in Schweiß zu bringen, und stekte mich tief unter ein dikes Fe-
derbett: denn ich glaubte, durch Schwizzen könne man alle Krankheiten vertreiben. Vor einem Brechmittel (das oft allein eine schwere
Krankheit vertreiben kann) grauete mir. Die
herrliche Rhabarbara kannte ich nicht, und eben
so wenig die heilsamen Wirkungen des Hollun-
der- oder Fliederthees. In Absicht auf meine
Wasch, nahm ich auf Reinlichkeit gar keine
Rüksicht, und trug oft, nur aus Kommodität,
um mir die Mühe, ein neugewaschenes Hemd

anzuziehen, zu erſparen, ein Hemd 14. Tage
oder gar drey Wochen am Leibe. — Da war's
denn freylich kein Wunder, daß mir zum öftern
etwas fehlte, und ich mit allerhand Flüſſen —
beſonders mit öfterem Katarrh, geplagt war:
denn mein Körper konnte ja nicht tranſpiriren.
Das alles iſt nun ganz anders. — Zwar hatt'
ich gleich damals im Sinn, dieſe Erneuerung
mit mir vorzunehmen, als ich einige unſerer
guten mediziniſchen und pädagogiſchen Schriften kennen lernte. Aber — eine gewiſſe, mir
ſchon zur Gewohnheit gewordene Trägheit hielt
mich immer wieder davon ab. Seit ich aber
Bräutigam bin, lebe ich ganz der Natur gemäß, trinke gleich des Morgens um 5. Uhr,
wo ich gewöhnlich aufſtehe, ein Glas friſches
Brunnenwaſſer, waſche dann meinen Kopf und
Geſichte auch mit ſolchem Waſſer u. ſ. w. und
ſeitdem bin ich ſo friſch und geſund, als man
es nur ſeyn kann. Auch fühle ich mehr Kräfte,
ſeit ich mich an das Holzſägen, und an andere
angreifende Arbeiten gewöhnt habe, und mir
noch mehr Motion mache, als ehemals. Aber
auch meiner Seele nach, und in Abſicht auf
die Sitten, bin ich ein ganz anderer Menſch.
Sie mußten es oft an mir bemerkt haben, daß
eine gewiſſe Verdrüßlichkeit, und ein phlegma-

tisches Wesen sich bey mir eingewurzelt hatte.
Auch war mir das Urtheil der Menschen bey=
nahe ganz gleichgültig; daher es mir gar nicht
einfiel, mich nach der unter gesitteten Leuten
gewohnten Lebensart zu richten, und die Re=
geln des Wohlstandes zu beobachten. Auch in
Absicht meiner Kleidung war ich äußerst nach=
läßig. Ja, ich flohe sogar gute Gesellschaften;
und so wäre ich allmählig der unausstehlichste
Mensch geworden. Noch weniger interessirte
mich das, was im Auslande geschah. Und ich
ließ mich mehrere Jahre nicht bereden, eine Zei=
tung zu lesen. Jezt aber bin ich fast stets
munter und aufgeräumt, rede gerne mit Jeder=
mann, erkundige mich nach Allem, interessire
mich für Alles, suche mich Andern gefällig zu
machen, erscheine stets ordentlich im Anzug,
und finde aber auch, daß Jedermann gern mit
mir umgeht; besonders scheint meine Braut,
die Frau Pfarrerin und mein Hr. Pfarrer (an
deren Beyfall mir billig am meisten liegt) mit
mir sehr zufrieden zu seyn. Und was mir ehe=
mals eine Last war, das ist mir jezt das liebste
Geschäfte, nemlich der Unterricht der Jugend.
Aber freylich kannte ich ehemals auch die Bü=
cher nicht (und sie waren zum Theil auch noch
nicht da), die ich jezt kenne, und mir theils

schon gekauft habe, theils noch kaufen werde.
Ich schäme mich noch, wenn ich daran denke,
wie ich ehemals, in meinem 14ten bis 20sten
Jahre, informirt habe. So ließ ich z. E. meine Kinder einige Fragen und Antworten im Ka-
techismus lernen, und den Tag darauf hersagen, ohne ihnen die Worte und den Inhalt zu
erklären. Stotterten sie; so fuhr ich sie an,
oder gab ihnen Ohrfeigen: dann bekamen sie
noch größere Angst, und es gieng noch schlech-
ter. (Denn ich verstand mich zwar auf das lateinische Exerzitienmachen; aber nichts auf die
Behandlungsart der Kinder.) Dann giengs an
das Repetiren einiger Sprüche und Lieder. —
Da ward wieder nichts erklärt. Dann ließ ich
sie ein Kapitel aus der Bibel lesen — es mochte
seyn, welches es wollte, wichtig oder unwichtig, verständlich oder unverständlich. Endlich
ließ ich sie eine Schrift schreiben, ohne ihnen
zu zeigen, welches die Grundstriche und Grund-
buchstaben seyen, und wie einer aus dem andern entstehe. Zu Katechisiren getraute ich mir
nicht; daher schaffte ich mir ein Büchlein in
Frag- und Antworten an, und meinte, meine
Kinder sollten gerade so antworten, wie's in
meinem Buche stehe, und ward unwillig, wenn
sie es nicht trafen.

War es da ein Wunder, wenn weder sie,
noch ich, an diesem Lehren und Lernen Freude
fanden? Jezt aber freue ich mich allemal auf
die Unterrichtsstunden. Aber jezt infor-
mire ich auch (ohne mich zu rühmen) ganz anders. Zwar bey Ihren Kindern befliß ich mich,
es besser zu thun. Aber damals hatte ich schon
bessere Schriften, und auch eine bessere Methode gelernt. Und — so darf ich auch nicht fürchten, daß mir das Informiren jemals, wenn
ich auch ein hohes Alter erreichen sollte, lästig
werde.

Eben so war ich bisher in der Land-Oeko-
nomie ein völliger Fremdling. Jezt aber stu-
dire ich sie mit allem Fleiß, und mein Hr. Amt-
mann, der nur eine Stunde von hier wohnt,
giebt mir darinn theils mündlichen Unterricht,
theils giebt er mir solche Schriften zum Lesen,
die den beßten Unterricht darüber enthalten.
Und da ich jezt mein eigener Herr seyn werde;
da ich eine Gattin bekomme, die die Wirthschaft aus dem Grunde versteht, die fleißig, und
reinlich, und sparsam ist, die ein aufgemuntertes
Gemüt und ein gutes, sanftes Herz hat: so darf
ich mir mit Grunde ein recht vergnügtes Leben
versprechen. Erfüllt Gott noch meinen heiße-

ſten Wunſch, und ſchenkt mir einige Kinder:
o dann bin ich der glüklichſte Mann!

Auch meinen Schulkindern ſag' ich es zum
öftern, daß ſie, obgleich die Seele unſer edle-
rer Theil ſeye, ihren Körper doch ja nicht ge-
ringe ſchäzzen und vernachläßigen ſollen, und
daß von der Geſundheit und Dauerhaftigkeit
deſſelben auch unſer Seelenheil gewiſſermaßen
abhänge, weil Leib und Seele viel zu genau
mit einander verbunden ſind. Ich laſſe daher,
auch ſelbſt im Winter, in meiner Schulſtube
immer ein Paar Fenſter offen; räuchere auch
vor und nach der Schule mit Wachholderholz.
Ich kam ſchon in mehrere Dorfſchulen, und
ärgerte mich nicht wenig über die Unreinlichkeit
der Kinder in ihrem Geſichte und an ihren
Händen. — Aber als ich auf den Schulmeiſter
hinſahe, war er eben ſo unreinlich. Nun wunderte ich mich nicht mehr; und es war mir begreiflich, warum die Krázze da etwas ſo ge-
wöhnliches iſt. O wie glüklich ſcházze ich mich,
und wie deutlich ſehe ich die gütige Leitung
Gottes, daß er mich gerade dahin geführet
hat, wo ich das geworden bin, was ich ſonſt
nie geworden wäre.

Verzeihen Sie, bester Freund, diesen langen Brief. Mein Herz war zu voll; ich mußte
es ausleeren. Viele Grüße an Ihre brave
Frau, und an Ihre lieben Kleinen! — — —

Mit beyfolgender Haustafel, welche unser
braver Fröhlich für seine Kinder selbst entwor-
fen hat, hoffe ich Ihnen ein wahres Vergnügen zu machen. Sie werden daraus den guten
gesunden Verstand Ihres Freundes auf's neue
und in einem sehr vortheilhaften Lichte erblik-
ken, und zugleich sehen, wie sehr der brave Vater darauf bedacht ist, seinen Kindern gute Lehren recht eindrüklich zu machen. Sie sind freylich nicht systematisch geordnet; aber durch das
öftere Ueberlesen werden sie sich doch dem Gedächtniß der Jugend einprägen. Oder man kann
sie auch als Vorschriften zu Schreibe-Uebun-
gen gebrauchen.

Haustafel
für meine Kinder;
oder:
allerley gute Lehren zur Aufklärung
ihres Verstandes und zur Bildung ihres Herzens.

Wenn ihr aufs Feld hinausgehet, es sey an
eure Arbeiten, oder am Sonntag um einen Spaziergang zu machen, so entschlaget euch aller
andern Gedanken, und richtet eure Augen und
eure Aufmerksamkeit (am Sonntage ganz, und
an den Werktagen im Hinaus- und Heimgehen)
auf die Gegenstände, welche um euch her sind.
— Damit es aber kein flüchtiges Anschauen bleibe, so heftet eure Augen das einemal auf diesen, das anderemal auf einen andern Gegen-
stand. Ihr werdet immer etwas finden, was
euch Freude macht, was euch zur Verehrung
und Bewunderung der Weisheit, Allmacht und
Güte Gottes hinreißt. Dieß kann um so we-

niger fehlen, wenn ihr in der Schule und in
euern Privatstunden auf dasjenige, was euch
von den Naturwerken gesagt wird, recht aufmerksam seyn werdet. Auf diese Art habt ihr
an den Sonntagen, und bey euern Arbeiten,
weit mehr Vergnügen, als diejenigen, welche
gedankenlos hin und her wandeln, und euer
Herz ist dann immer mit guten Gedanken erfüllt, und bey dem öftern lebhaften Andenken
an Gott seyd ihr um so weniger in Gefahr, zu
dieser oder jener Sünde verleitet zu werden.

———

Soll Euch dereinst euer Beruf leicht und
angenehm werden; wollet ihr euch vor Mißmuth und Unzufriedenheit mit euerm Schiksal
verwahren: so vergleichet euch nicht mit den
Glüklichern und Vornehmern, sondern mit solchen, die es weniger gut haben als ihr! Und
dann bringet nicht nur das Beschwerliche eures
Berufs, sondern auch das Angenehme und Vortheilhafte, was er bey sich führt, und was ihr
bey reiferm Nachdenken entdeken werdet, in
Anschlag!

———

Quält euch nicht wegen der blos möglichen unangenehmen Zufälle, die euch in der Zukunft treffen können. Wer jeden Tag seine Pflicht redlich und gewissenhaft thut, dem darf vor der Zukunft nicht bange seyn; der kann sich auch bey trüben Aussichten Gutes versprechen.

———

Laßt euch durch die erlittenen Uebel des Kriegs, oder durch die aus Zeitungen erhaltenen Nachrichten von den Drangsalen desselben, bewegen, das kostbare Kleinod des Friedens desto höher zu schäzen!

———

Suchet eure ungünstigen Umstände nie durch unerlaubte Mittel, am allerwenigsten durch das Einsezzen in das Vermögen fressende Lotto zu verbessern! Gebt euch Mühe, auch andere davon abzuhalten, und sie davor liebreich zu warnen!

———

Lernet euch frühzeitig mit dem Nothwendigen in Speise, Trank, Kleidung, Meubels u. dergl. zu begnügen. Sezet keinen zu hohen

Werth auf die lieblosen Urtheile, die bey eurer
sparsamen Lebensart über euch ergehen werden,
sondern sezt euch getrost darüber hinweg!

———

Wenn ihr einmal im Ehestande lebet, so
ahmet meines Freundes Klugmanns Verhalten
nach, welches er am heil. Christtag in Absicht
der Weyhnachtsfreude gegen seine Kinder beobachtete. Kauft euern Kindern nichts unnöthi-
ges, oder was ihrer Gesundheit schadet u. s. w.
Dagegen bringet ihnen richtige Begriffe von der
fortdaurenden Feyer dieses Tages bey!

———

Wenn ihr euch einmal verheyrathet, und
eure Weiber sich in gesegneten Umständen befinden, so machet sie mit den Verhaltungs-Re-
geln einer schwangern Frau bekannt, und seyd
darauf bedacht, daß sie genau von ihnen be-
folgt werden!

———

Viele Menschen halten sich deswegen für
unglüklich, weil sie ganz falsche und verkehrte

Begriffe von Glük und Glükseeligkeit haben.
Merkt euch also, meine Kinder, folgendes: Glüklich nennet man den, der sich in guten äußerlichen Glüksumständen befindet, der mehr hat,
als er zur Nothdurft braucht, der wohl gar
Ueberfluß an zeitlichen Gütern, oder ein sehr
großes Vermögen besizt.   Glükseelig aber verdient nur derjenige genennet zu werden, der bey
einem guten, durch keine böse That verlezten
Gewissen, bey der Treue in seinem Beruf, und
bey dem seeligen Bewußtseyn, Gott zum Freunde zu haben, stets und in allen Umständen wahre Ruhe und Zufriedenheit, oft auch Freudigkeit, in seinem Herzen empfindet.   Auch der
Reiche und Vornehme kann also glükseelig seyn
oder werden.   Aber seine Glüksgüter sind nicht
die Ursache davon.   Vielmehr kann er auch in
dem größten Ueberfluß ein elender, und unglük-
seeliger Mensch seyn.   Hingegen kann auch der
Aermste und Niedrigste dieser wahren Glükseeligkeit theilhaftig werden. — Glüklich können
und sollen nach der Absicht Gottes nicht alle
Menschen seyn, theils, weil ihnen Ueberfluß,
oder auch nur ein gewisser äußerlicher Wohlstand schädlich wäre — theils, weil die menschliche Gesellschaft nicht bestehen könnte, wenn

sich alle in ganz gleich *) guten Glüksumständen befänden. Denn wer wollte alsdann die beschwerlichen Arbeiten verrichten, das Feld bauen u. s. w. So aber, wie es Gott jezt eingerichtet hat, sind immer die mehresten genöthiget, durch Arbeiten ihr Brod zu verdienen! —

So wie in der Natur auf Regen immer wieder Sonnenschein, und auf Stürme Windstille folgt: so wechselt auch in den menschlichen Schiksalen Leid und Freude, Gesundheit und Krankheit, Glük und Unglük, immer mit einander ab. Ueberhebet euch also nie im Glük, und verzaget nie im Unglük!

---

*) Diese Gleichheit würde auch nicht lange dauern — denn der Kluge, der Fleißige würde bald reicher — und der Einfältige, der Unfleißige, der Müssiggänger, der Verschwender würde bald ärmer werden. Der Anblik besserer Speisen, Getränke, Kleider ꝛc. ꝛc. hat für uns einen viel zu starken Reiz. Daher kommt es dann, daß wir alle unsere Umstände zu verbessern suchen. Möchte es nur nie durch Arglist geschehen; und möchten wir nur im Genusse besserer Speisen und Getränke stets Mäßigkeit beobachten.

Betet fleißig zu Gott um das Leben eurer
beyden Eltern; denn nur selten wird die Stelle
einer Mutter so ersezt, wie bey dem Tode der
seeligen Klugmann. Solltet ihr aber einen zweyten Vater oder eine zweyte Mutter erhalten, so
laßt euch ja nicht durch schlechte Leute, an denen es leider nie fehlt, gegen sie einnehmen.
Beweiset ihnen eben die Liebe, uud eben den
Gehorsam, den ihr euern leiblichen Eltern be-
wiesen habt. Gewiß, sie werden ihr Herz allmählich zu euch neigen!

———

Wenn ihr einmal verheyrathet seyd, und
Kinder bekommet, und diese von den Blattern
befallen werden: so beobachtet die Vorschriften
verständiger Aerzte, um euch bey dem Tode eines oder des andern keine Vorwürfe machen zu
dürfen. In Absicht auf das Inokuliren derselben, muß euere Einsicht, und euer Gewissen
entscheiden. Es läßt sich nicht geradezu empfehlen. Aber es wäre auch unvernünftig, davon abzurathen.

———

Wer sich als Bürger oder Landmann einer
guten anständigen Aufführung befleißigt, etwas

rechtschaffenes gelernt hat, und in dem Rufe
eines ehrlichen und gewissenhaften Mannes steht,
wird sich sicherlich die Achtung, die Liebe und
das Zutrauen des bessern Theils seiner Mitbürger ꝛc. verschaffen, wenn er auch nicht allemal
eine Ehrenstelle erhält, wie es bey Klugmann
und mir der Fall war.

Entziehet euch nicht ganz gewissen Gesellschaften; besuchet sie zuweilen. Es kann euch
in manchem Betracht Nuzen bringen, wenn auch
nicht alle Glieder derselben nach eurem Ge-
schmak und nach eurem Wunsche sind. Machet
überhaupt nie den Sonderling!

O meine lieben Kinder! Lasset euch doch
nie durch eure guten Glüksumstände zum Uebermuth verleiten. Ich, euer Vater, müßte hart
dafür büßen. Der Uebermuth verleitete mich
zum Trunk und Spiel — das Spiel und der
Trunk zu Verdruß. Daraus entstund die gefähr-
lichste Krankheit. Diese war zwar für mich die
kräftigste Seelen-Arzney. Aber — wer wollte es
darauf wagen — gerade so zu handeln, wie ich

handelte. Und wie viele unruhige Stunden, wie
viele bittere Thränen der Reue kann sich derjenige ersparen, der stets auf dem Wege der
Tugend und Rechtschaffenheit wandelt. Uebrigens sehet ja eine Krankheit nicht als ein wahres Uebel an. Außerdem, daß durch die Arze-
neyen viele böse Säfte aus unserm Körper ge-
schafft werden, und also der Grund zu unserer
nachherigen dauerhaften Gesundheit gelegt wird,
sind sie uns in vielem Betracht sehr heilsam.
Unser ganzer Charakter wird geschmeidiger, unsere Tugend reiner und vester ꝛc. und wir schäzen dann die Gabe der Gesundheit desto höher,
und vermeiden desto sorgfältiger alles, was derselben schaden kann.

———————

Es giebt viele schöne, edle, menschenfreund-
liche Thaten und Handlungen. Eine der edelsten
aber ist gewiß diese: wenn man sich verlassener
Kinder und Waisen recht thätig — und wer es
kann, wenn man sie an Kindes Statt annimmt,
oder wenigstens dafür sorgt, daß sie gut unterrichtet und erzogen werden *). O wie man-

*) Leider! aber geschiehet dieß in den allerwenigsten
   Waisenhäusern! — Warum man aber — selbst in

ches Kind könnte da dem Verderben entriſſen, und zu einem brauchbaren Mitglied der menſch= lichen Geſellſchaft gemacht werden! O ihr, in eurer Meinung, gutthätigen Brüder, weil ihr jedem Bettler (ſey er auch immerhin ein Landſtreicher) und jeder ſchlechten Dirne ein Al= moſen gebet! Rechnet einmal zuſammen, wie viel ihr jährlich an dieſe unwürdigen Armen verſchwendet; ihr werdet erſtaunen, was auf 10. Jahre für eine Summe herauskommt. Hät= tet ihr nun dieſe Summe an eine verlaſſene Waiſe verwendet, welchen Gotteslohn hättet ihr euch verdient! (Es iſt aber freylich auch trau= rig, daß man in manchen Ländern und Ort= ſchaften noch genöthiget iſt, ſelbſt den ſchlechte= ſten Bettlern ein Almoſen zu geben; wenn man anders ruhig ſchlafen, und ſich nicht der Ge= fahr ausſezen will, daß uns unſer Haus ange= zündet werde.)

---

berühmten Städten — auf die Verbeſſerung der= ſelben ſo gar nicht bedacht iſt (gleich als ob ihre ſchlechte Beſchaffenheit nicht notoriſch bekannt wä= re), iſt mir unbegreiflich.

Anm. d. S.

Danket Gott, daß ihr auf dem Lande le=
bet, wo Gottes Wort, und rechtschaffene Leh=
rer noch geschäzt werden, und wo ihr weniger
in Gefahr seyd, durch das Gift des Unglau=
bens zur Irreligiosität verführt zu werden. —
Danket Gott, daß er in unsern Tagen so viele
wakkere Männer erwekt hat, welche uns die
schönsten und deutlichsten Erbauungs=Schriften
und Gesangbücher geliefert haben.

———

Bedenket es doch, liebe Kinder, was es
— auch in Rüksicht auf unsere zeitliche Wohl=
fahrt — für eine große Wohlthat für eine Land=
Gemeinde ist, wenn sie einen verständigen und
rechtschaffenen, das heißt, einen christlich=ge=
sinnten Lehrer und Seelsorger hat. Wie viele
unserer Einwohner würden in der Zeit, da das
Faulfieber bey uns grassirte, ein Raub des To=
des, und Opfer unwissender und betrügerischer
Männer geworden seyn, wenn nicht unser Hr.
Pfarrer so eifrig für uns gesorgt hätte! Und,
ach! wie traurig würde es in Absicht auf die
Sitten bey uns aussehen, wenn wir einen
Mann zum Lehrer hätten, der einen unexem=

plarischen Lebenswandel führte, und sein Amt
nur um des Brods willen verrichtete! Da uns
aber der unsrige so deutlich und rührend pre‐
diget; da er uns so liebreich ermahnet, bittet,
und warnet; da er selbst uns ein so schönes
Beyspiel in jeder Tugend giebt: so müßten wir
ja unsere eigenen Feinde seyn, wenn wir ihm
nicht folgten.

Es liegt erstaunlich viel daran, daß ihr
gute Grundsäzze in eure Seele pflanzet: denn
daraus entstehen, wenn ihr sie stets und leb‐
haft überdenket, gute Gesinnungen, und diese
verwandeln sich in gute Thaten. Je mehrere
solcher Thaten ihr verrichtet, je besser also das
Beyspiel ist, das ihr eurem Nebenmenschen
gebet: desto mehr wird dem Elend in der
menschlichen Gesellschaft gesteuret, und Gutes
gestiftet, und Glükseeligkeit ausgebreitet. Ich
gab, wie ihr wisset, bey der vorjährigen Seu‐
che unter unsern Dorf‐Einwohnern ein solches
gutes Beyspiel, (wie es dann meine Schuldig‐
keit war) und wie viele wurden dadurch aufge‐

muntert, ein Gleiches zu thun! Und was hatte das für gute Folgen? O leuchtet also doch
auch ihr einmal euren Mitmenschen mit eurem
guten Beyspiel vor!

———————

Ihr wisset, meine Kinder, daß euer Schulmeister sich aus eigener freyer Wahl zu seiner
Lebensart entschlossen hat. Da könntet ihr nun
denken: „Diesen Vortheil sollten wir auch ha-
„ben. Aber wir mußten Bauersleute werden,
„weil wir Söhne eines Bauermannes sind.“
Ich antworte euch: Eben das, daß Gott euch
von Landleuten gebohren werden ließ, ist ein
deutlicher Wink, daß ihr auch Landleute werden, und das Feld bauen sollet. Uebrigens seyd
ihr doch nicht so gebunden, wie manche andere
Kinder auf dem Lande. Ich lasse euch die freye
Wahl, ob ihr ein Handwerk erlernen, oder
bloße Bauern werden wollet. Und ich habe es
dem ältesten unter euch nicht einmal schwer
gemacht, zu studiren, weil er, nebst den gehörigen Gaben, auch eine besondere Neigung dazu hat. Ich denke also, ihr könntet gar wohl
zufrieden seyn.

———————

Ich hoffe, ihr werdet es für ein besonderes
Glük halten, daß ihr von Jugend auf einen so
guten Unterricht genossen, und aus so guten
Büchern unterrichtet worden seyd. Ihr wisset
es, daß ich erst vor wenigen Jahren gute Bücher zu lesen bekam. Wie vieles habt ihr also vor mir voraus! Wie weit früher wird
euer Verstand mit nüzlichen Kenntnissen be-
reichert; wie weit mehrere könnet ihr euch also einsammeln! Ich hatte meine Geschäfte blos
mechanisch getrieben, und so wie es mein Vater mich gelehrt hatte. Ihr aber wisset jezt,
und könnt es auch immer besser lernen, wie
man das Feld weit nüzlicher als sonst anbauen
kann, und wie man seine Viehzucht verbessern
muß. Außerdem kostete es mich viele Mühe,
bis ich so mancher abergläubischen Meinung
und Vorurtheile los wurde. Ihr aber seyd von
Jugend auf, auf das Thörichte und Schädliche derselben aufmerksam gemacht worden. Ich
hoffe daher, ihr werdet einmal auch eure Kinder so unterrichten, oder unterrichten lassen,
wie ihr unterrichtet worden seyd. Ich hoffe,
ihr werdet mit eben der Begierde gute Bücher
lesen, wie ich sie lese — besonders solche, wie
„Lienhard und Gertrud“ — „Geschichte des

Dörfleins Traubenheim" — „der Volkslehrer"
— das „Noth‍- und Hülfsbüchlein" — „Zer‍-
renners Volksbuch" — und dergleichen *). Der
Nuzen davon ist unaussprechlich groß.

— — — —

Der wichtigste Schritt, den wir in unserm
Leben thun, ist der, wenn wir uns mit einer
Person ehelich verloben, und nach einiger Zeit
uns förmlich mit ihr verbinden; man sollte al‍-
so glauben, daß junge unerfahrne Personen die‍-
sen wichtigen Schritt, von dem ihre ganze künf‍-
tige Wohlfarth, Gemütsruhe und Glükseligkeit
abhängt, nicht ohne den Rath älterer erfahrner

*) Auch folgendes Buch muß ich hier allen Landleu‍-
   ten bestens empfehlen. „Hand‍- und Hausbuch
   für Bürger und Landleute, welches lehrt, wie sie
   alles um sich her kennen lernen, sich gesund erhal‍-
   ten, sich in Krankheit helfen, wie sie ihr Land auf
   die vortheilhafteste Art bauen, ihre Gärten bestel‍-
   len, sich gutes Obst ziehen, Bienen mit Nuzen
   halten, und wie Hausfrauen ihre Wirthschaft or‍-
   dentlich führen sollen, nebst noch vielerley guten
   Rathschlägen ꝛc. ꝛc. herausgegeben von Ewald, Ge‍-
   neralsuperintendent zu Detmold im Fürstenthum
   Lippe."

Perſonen, die es gut mit ihnen meinen — alſo
zunächſt ihrer Eltern — thun werden. Und
doch geſchieht dieß hundertmal. Es entſtehen
aber auch aus dieſen in der Stille, und ohne
Zuziehung verſtändiger Perſonen geſchloſſenen
Verbindungen täglich die traurigſten Folgen.
Freylich iſt es auch wahr, daß Eltern oft aus
bloßem Eigenſinn, Eigennuz, und Stolz eine
Verbindung ihrer Kinder mit dieſer und jener
Perſon hindern. Es giebt aber doch auch Eltern, die, daß ich ſo rede, mit ſich reden laſſen, und ihre Kinder nicht zu zwingen begeh-
ren, ganz gegen ihre Neigung zu beyrathen.
Kommt nun auch bey Euch, meine Kinder, dieſer Zeitpunkt: ſo hoffe ich, ihr werdet Zutrauen
zu uns, euern Eltern, haben, und nicht ohne
unſer Wiſſen und gegen unſern Willen euch in
eine ſolche Verbindung einlaſſen. Iſts nur ein
wenig möglich, ſo werde ich euch nach eurer
Neigung handeln laſſen. Aber die Perſon, die
ihr liebet, muß ſich nothwendig durch gründ-
liche Eigenſchaften auszeichnen. Denn eine Liebe, die blos durch eine ſchöne Geſichtsbildung,
und ein äußerliches einſchmeichelndes Betragen
(wobey ohnehin viele Verſtellung ſich findet)
entſtanden iſt, kann unmöglich von Dauer ſeyn.

Nur von einer fleißigen, verständigen, liebrei=
hen, tugendhaften und christlichgesinnten Per=
son können wir uns wahre Glükseligkeit in un=
serer Ehe versprechen. Eine außerordentlich
starke Neigung zu der Person, die wir heyra=
hen wollen, ist eben nicht nothwendig; sie wird
schon wachsen, je mehrere gute Eigenschaften
wir an ihr entdeken. Aber das ist auch wahr,
daß man keinen Widerwillen gegen diese Person
haben muß. — Ihr wißt nun meine Gesinnung,
was diesen Punkt betrift. Ich hoffe also, ihr
werdet so handeln, wie es christlichgesinnten
Kindern zusteht.

Man sollte freylich glauben, daß derjenige,
der durchgehends rechtschaffen handelt, nieman=
den beleidiget, und gegen jedermann liebreich
und menschenfreundlich handelt, sich eine allge=
meine Achtung und Liebe erwerben müßte, daß
er keine Feinde haben, und von niemanden ge=
ränkt und beleidiget werden sollte. Wir sehen
aber, leider, nur gar zu oft das gerade Gegen=
theil. Ich habe euch erzählet, was meinem
Freunde Klugmann begegnet ist, als er seine

Lesebibliothek errichtete. Und so wird noch oft der beste Mann, der so gern etwas Gutes unter seinen Nebenmenschen stiften wollte, von andern beneidet, gehaßt, verfolgt. Der Lasterhafte ergreift jede Gelegenheit, wo er seinen Widerwillen gegen den tugendhaften Mann äussern kann, und wenn er von andern beleidiget zu seyn glaubt, so ruhet er nicht eher, bis er seine Rachsucht befriedigen kann. Machet also auch ihr euch, meine Kinder, auf dergleichen Fälle gefaßt! Sogar um eurer Gewissenhaftigkeit und Wahrheitsliebe willen werden euch schlechte Leute anfeinden und verfolgen. Noch mehr aber, wenn ihr genöthiget seyn solltet, ihre Heucheley und Bosheit aufzudecken. Ich hoffe aber nicht, daß ihr euch dadurch werdet abhalten lassen, weniger rechtschaffen zu handeln, oder aus Menschenfurcht da zu schweigen, wo ihr reden solltet. Mußte ja selbst der unsträflichste, der tugendhafteste Mann, der je gelebet hat, den Haß und die Verfolgung der Lasterhaften erfahren. Uebrigens giebt es schon auch Fälle, wo wir uns durch unsre Rechtschaffenheit die Achtung und Liebe unsrer Nebenmenschen erwerben. Diese aber muß nie der vornehmste Antrieb unsrer guten Thaten seyn. Weit mehr muß uns der Beyfall Gottes und unsers Gewissens werth seyn.

Ergreifet jede Gelegenheit, wo ihr im Stillen Gutes thun könnet. Und ich wünsche, daß auch ihr Kinder bekommen möget, die euch eine solche Freude machen, dergleichen ihr mir damals machtet, als ihr einigen armen Kindern in der Stille Brod gabet.

Wenn euch einmal euer Beruf nicht gefallen, und eure Arbeiten euch lästig vorkommen, und ihr eine Anwandlung von Verdruß und Mißmuth fühlen werdet: so erinnert euch an das Gespräch, welches ich mit meinem Herrn Pfarrer hatte. O wie einleuchtend zeigte er mir da die Vorzüge und Vortheile des Landmanns und des Landlebens. An diese erinnert euch oft — das wird euch wieder mit Gott und eurem Schikfal aussöhnen, und ihr werdet eure Geschäfte mit Freude und Munterkeit verrichten!

Wenn ihr etwas Gutes und Gemeinnüzi-
ges vorhabt und ausführen wollet, so lasset
euch ja nicht durch die schiefen und lieblosen
Urtheile der Unverständigen und Boshaften,
oder durch gewisse damit verbundene Schwierigkeiten abschrekken. Euer Schulmeister mußte allerhand lieblose Urtheile erdulten, theils
über seine neue Lehrart, theils über seine
Spaziergänge ins freye Feld, die er mit euch
vornahm. Aber am Ende fand doch beydes
Beyfall.

———————

Es ist mir zwar lieb, wenn ihr Gefühl
für Ehre habt (auch die äusserliche Ehre ist
nicht zu verschmähen; denn sie sezt uns in
den Stand, mehreres Gute zu stiften). Aber
suchet ja nie ein Ehrenamt auf eine unanständige Art, am wenigsten laßt es euch Geld kosten. Ich suchte die Anwaldstelle nicht, und
bekam sie doch. Führet euch nur stets so auf,
daß ihr einer Ehrenstelle würdig seyd: dann
ists genug!

———————

Wenn ihr einmal heyrathet, und es scheint
anfänglich, als hättet ihr nicht gut gewählt,

so laßt euren Muth nicht sinken. Habt Gedult mit den Schwachheiten und Fehlern eurer Weiber. Behauptet aber auch euer Ansehen. Zeiget ihnen keine schwache Seite, sondern lasset sie einsehen, daß ihr Männer von Verstand seyd. Belehret sie liebreich, wie sie gegen ihren eigenen Vortheil handeln, wenn sie euch das Leben verbittern wollen, und daß sie selbst dabey am meisten verlieren. Gönnet ihnen aber auch dann und wann eine Freude, und behandelt sie als eure treue Freundinnen, nicht aber als eure Sklaven. Verbindet mit eurer Ernsthaftigkeit stets eine gewisse Sanftmuth: gewiß, sie werden in sich gehen, und sich bessern!